Der Rhein

von Mainz bis Köln

Floden Rhen

från Mainz till Köln

Rahmel-Verlag
www.rahmel-verlag.de

DIE GRAU DARGESTELLTEN ORTE UND SEHENSWÜRDIGKEITEN GEHÖREN ZUM WELTERBE DES OBEREN MITTELRHEINTALS.

DE ORTER OCH SEVÄRDHETER SOM ÄR MARKERADE I GRÅTT HÖR TILL DEN ÖVRE RHENDALENS VÄRLDSARV.

Inhalt

Seite/n

Innehåll

Sida/or

◂ **Burg Katz mit Loreley** - ***Burg Katz med Loreley***

Der Rhein
von Mainz bis Köln
Floden Rhen
från Mainz till Köln

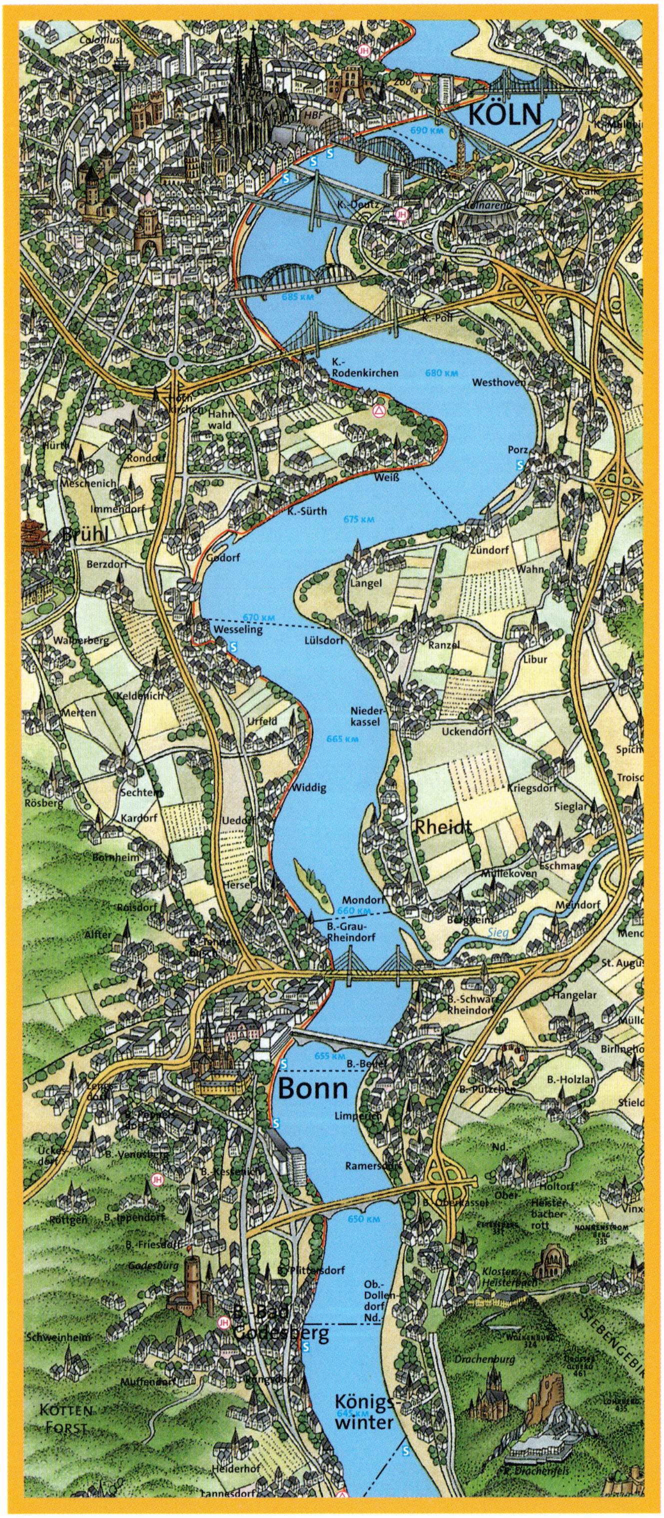

Mosel
Koblenz
Deutsches Eck
Festung Ehrenbreitstein
590 KM
585 KM
K. Stolzenfels
Lahnstein
Burg Lahneck
Rhens
Königsstuhl
580 KM
Braubach
Marksburg
Brey
Spay
Nieder-
Ober-
575 KM
Filsen
Osterspai
Schloß Liebeneck
570 KM
Boppard
Kamp-Bornhofen
Burg Sterrenberg
Burg Liebenstein
Staatsforst Boppard
Bad Salzig
565 KM
Kestert
Lykershausen
Dahlheim
Prath
Weyer
Burg Maus
Ehrenthaler Werth
Nochern
Hirzenach
Werlau
560 KM
Burg Rheinfels
St. Goar
St. Goarshausen
Burg Katz
Patersberg
Staatsforst Sankt Goar
Biebernheim
Loreley Statue
555 KM
Loreley
Urbar
Niederburg
Die 7 Jungfrauen
Oberwesel
Tauber Werth
550 KM
Bornich
Dörscheid
Weisel
Kaub
Die Pfalz
Sauerthal
Kauber Werth
545 KM
Heimbach
Holzfeld
Weiler
Buchenau
Siebenborn
Hünenfeld
Schauren
Jakobsberg
Mühltal
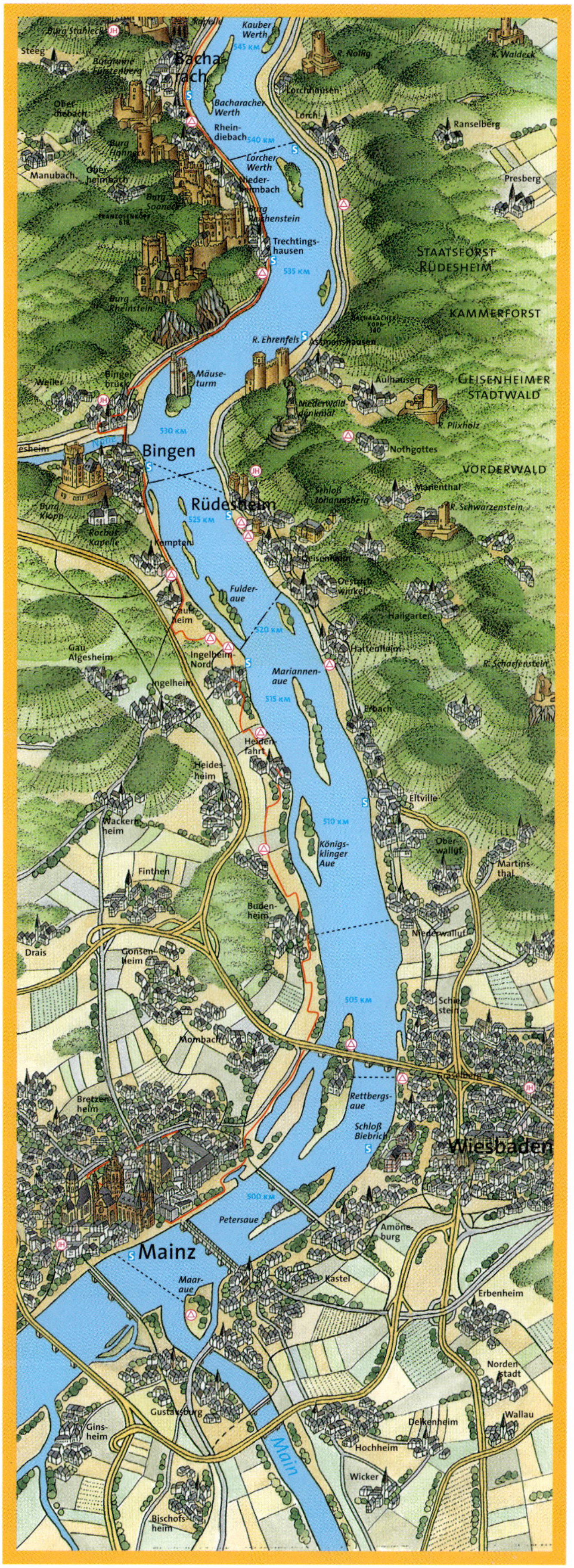
Burg Stahleck
Bacharach
Bacharacher Werth
Rheindiebach
540 KM
Lorcher Werth
Niederheimbach
Lorch
Lorchhausen
Burg Sooneck
Trechtingshausen
535 KM
Burg Rheinstein
R. Ehrenfels
Assmannshausen
Staatsforst Rüdesheim
Kammerforst
Geisenheimer Stadtwald
Mäuseturm
Niederwald Denkmal
Bingerbrück
530 KM
Bingen
Rüdesheim
525 KM
Burg Klopp
Rochus Kapelle
Kempten
Schloß Johannisberg
Geisenheim
Oestrich Winkel
Hallgarten
Hattenheim
Vorderwald
Fulderaue
520 KM
Gaulsheim
Ingelheim Nord
Ingelheim
Gau-Algesheim
Mariannenaue
515 KM
Erbach
Heidenfahrt
Heidesheim
Eltville
510 KM
Königsklinger Aue
Wackernheim
Finthen
Budenheim
Martinsthal
Niederwalluf
Drais
Gonsenheim
505 KM
Mombach
Schierstein
Rettbergsaue
Schloß Biebrich
Wiesbaden
Bretzenheim
500 KM
Petersaue
Mainz
Maaraue
Kastel
Amöneburg
Erbenheim
Nordenstadt
Gustavsburg
Ginsheim
Main
Delkenheim
Hochheim
Wallau
Wicker
Bischofsheim

Einzigartiges RHEINTAL - geheimnisvoll und unvergleichbar schön

Eine magische Kraft geht aus vom größten Strom Europas. Dichter, Maler, Künstler und Poeten bereisten schon immer mit Vorliebe den „goldenen Vater Rhein", brachten ihm lustvolle Ständchen, lobten ihn in Gedichten und Versen, ließen die Seele baumeln bei einer Schifffahrt oder bei einem guten Glas Wein in den zahlreichen Schänken an den Ufern des Stromes. „Ein Bild von einer Landschaft!" - so schwärmte beispielsweise der Dichter und Philosoph Friedrich Schlegel anlässlich einer Rheinreise von Köln über Koblenz, Bingen und Mainz bis hinauf in die Schweiz im Jahre 1804. Clemens von Brentano und Heinrich Heine schufen wenig später mit der Gestalt der blond gelockten Jungfrau „Lore von der Ley", die heutige „Loreley", einen bis in die Neuzeit lebendig gebliebenen Mythos. Heute bestimmen vornehmlich der Tourismus, die Gastronomie und der Weinbau das geschäftstüchtige Treiben beiderseits des Rheines.

Als die Römer um 55 v. Chr. an den Rhein kamen, errichteten sie Standorte in Mainz, Boppard und Koblenz. Auch

Den enastående RHENDALEN - hemlighetsfull och otroligt vacker

Det är en magisk kraft som utgår från Europas största flod. Diktare, konstnärer och poeter har alltid blivit lockade av den "gyllene fader Rhen". De har hyllat floden i dikt och på bild och låtit sina själar sväva under skeppsturer eller vid ett gott glas vin i en av de många krogarna längs flodstränderna. "Ett enastående landskap!" - utbrast diktaren och filosofen Friedrich Schlegel förtjust när han 1804 färdades på Rhen från Köln via Koblenz, Bingen och Mainz ända till Schweiz. Clemens von Brentano och Heinrich Heine skapade lite senare myten "Loreley" med sin blonda lockiga jungfru "Lore von der Ley". En myt som än idag i allra högsta grad är levande. Nuförtiden är det turismen, gastronomin och vinodlingen som står för näringslivet på Rhens båda sidor.

När romarna cirka 55 före Kristus kom till Rhen, byggde de förläggningsorter i Mainz, Boppard och Koblenz. Även de romerska trupperna längs gränserna i Westerwald och Taunus försågs med förnödenheter via floden. Rhen, Europas mest trafikerade flod, är ett enastående natur- och

Burg Rheinstein

die römischen Truppen entlang des Limes im Westerwald und Taunus wurden vom Strom her versorgt. Der Rhein, verkehrsreicher Fluss in der Mitte Europas, ist ein einzigartiges Natur- und Kulturdenkmal. Seit Juni 2002 gehört das enge Tal des oberen Mittelrheins zwischen Bingen und Koblenz zum Welterbe der UNESCO. Dabei wurde dem einmaligen Zusammenspiel von beispielhafter Natur und den Spuren unterschiedlichster Epochen menschlichen Einwirkens Rechnung getragen.

Und über alldem thronen mächtige Festungsanlagen, Burgen und Schlösser von unglaublicher Schönheit. Der Rheinromantik ist es zu verdanken, dass die im Mittelalter mehr und mehr zu verfallen drohenden wehrhaften Anlagen entlang des mächtigen Stromes in neuem Glanz erstrahlten. Menschen lebten als Händler, Fischer, Müller,

kulturmonument. Sedan juni 2002 hör den övre delen av mellersta Rhens trånga dal mellan Bingen och Koblenz till UNESCO´s kulturarv. Det var samspelet mellan den enastående naturen och de olika epokerna i människans historia som gav utslaget för detta val.

Och över allt detta tronar gigantiska fästningar, borgar och otroligt vackra slott. Det är romantiken längs Rhen vi har att tacka för att de underbara byggnadsverk, som under medeltiden mer och mer hotade att förfalla, idag strålar i ny glans. Människor levde här som köpmän, fiskare, mjölnare, tullare eller lotsar. Ärkebiskoparna från Köln, Mainz och Trier var de som under en lång tid bestämde över deras liv. Det gick inte alltid fredligt till på och vid Rhen. Herrarna och härskarna på de säkra fäst-

Mainzer Dom
Domkyrkan i Mainz

Loreley-Tal - ***Loreleydalen***

Zöllner oder Lotsen am großen Fluss. Die Erzbischöfe von Köln, Mainz und Trier bestimmten über lange Zeit ihr Wohlergehen. Dabei ging es nicht immer nur friedlich zu - am und auf dem Rhein. Die Herren und Herrscher der wehrhaften Gemäuer führten vielmehr von den sicheren Bergen herab ein gewalttätiges Leben des Faustrechts. Fürsten erhoben Zölle, Raubritter nahmen Kaufleute gefangen, erpressten Lösegelder, ließen den Donnerhall der Kanonen von

ningarna och borgarna uppe på bergen levde i regel ett liv där nävrätten var den lag som gällde. Furstarna inkasserade tullar, rovriddarna tillfångatog köpmän, pressade lösesummor och lät kanonerna dundra från sina borgar. Generaler, kungar och kejsare korsade Rhen på sina fälttåg, tog byte från invånarna, tog med sig fångar in i landet eller förföljde och drev - som den preussiske generalen Blücher - de franska trupperna med sin kejsare Napoleon framför sig ända in i Frankrike. Det räcker inte med ett liv om man vill berätta hela historien.

Det despotiska härskandet som utövades av medeltidens rovriddare vid Rhen ledde till konflikter med det rhenländska stadsförbundet. På slutet av det 13:e århundradet erövrade förbundets trupper under ledning av kung Rudolf von Habsburg de flesta rovriddarborgarna vid mellersta Rhen. De avrättade de rövaraktiga herrarna och förstörde fästningarna. På några av fästningarna började otyget med tullarna på nytt under de närmast följande århundradena. Detta slutade under tronföljarkriget i slutet av 17:e århundradet, då Ludvig XIV och hans trupper jämnade många borgar och fästningar med marken. I början av 19:e århundradet upptäcktes en ny konstriktning som baserade på människans längtan och drömmar - romantiken. Rhen var

Burg Katz

ihren trutzigen Burgen erschallen. Generäle, Könige und Kaiser querten den Rhein auf ihren Feldzügen, nahmen Beute von den Bewohnern, schleppten Gefangene ins Hinterland oder verfolgten und trieben - wie im Falle des preußischen Generals Blücher - die französischen Truppen unter ihrem Kaiser Napoleon bis in ihre Heimat. Könnte der Rhein erzählen, man bräuchte mehrere Leben, um die ganze Geschichte zu hören.

Die Willkürherrschaft der Raubritter im Mittelalter am Rhein führte zu Auseinandersetzungen mit dem Rheinischen Städtebund. Ende des 13. Jahrhunderts eroberten dessen Truppen unter Führung des König Rudolf von Habsburg die meisten Raubritterburgen am Mittelrhein. Sie richteten die räuberischen, unnachgiebigen Gesellen hin und zerstörten die Burganlagen. In den Jahrhunderten danach flammte in der einen oder anderen Burg erneut das Zoll-Unwesen auf, bis im Pfälzischen Erbfolgekrieg Ende des 17. Jahrhunderts französische Truppen unter Ludwig XIV. wiederum viele teilweise noch erhaltene Burganlagen dem Erdboden gleich machten. Anfang des 19. Jahrhunderts wurde aus der schwärmerischen Sehnsucht der Menschen heraus als Kunst- und Geistesrichtung die „Romantik des Rheines" entdeckt. Es kamen englische und niederländische Reisende - Maler, Künstler und Schriftsteller wie beispielsweise Lord Byron oder Joseph Mallord William Turner - an den „romantischen" Mittelrhein. Johann Wolfgang von Goethe wurde auf seiner Rheinreise durch die unvergleichliche Schönheit des großen Stromes und seiner einzigartigen Landschaft derart inspiriert, dass er hier seinen „Geistesgruß" verfasste. Wenn man so will, waren dies die ersten Rhein-Reisenden als Vorgänger der heutigen Touristen.

Den Träumereien preußischer Monarchen im 18./19. Jahrhundert war es dann vornehmlich zu verdanken, dass viele Burganlagen wieder liebevoll und stets auch sehr kostenintensiv erneuert wurden. Manchem König oder Kaiser musste eine Ruine erst geschenkt werden, um ihn für den Aufbau zum

Boppard

som skapt för denna romantik och så fick floden besök av engelska och holländska resenärer - konstnärer och författare som till exempel Lord Byron eller Joseph Mallord William Turner. På sin resa längs Rhen blev Johann Wolfgang von Goethe så inspirerad av landskapet storslagna skönhet, att han skrev sin "Geistesgruß" här. Detta var de första Rhenturisterna.

Det var de preussiska monarkernas drömmar under de 18:e och 19:e århundradena vi har att tacka för renoveringen av många borgar och fästningar. Dessa renoveringar gjordes mycket omsorgsfullt och kostade mycket pengar. Ibland fick man först skänka kungen eller kejsaren en ruin för att kunna begeistra honom för bygget av ett jakt- eller lustslott. Några av dem har till och med fått ett eget minnesmärke, som till exempel det gigantiska monumentet vid Deutsches Eck i Koblenz. Idag är en stor del av borgarna och slotten i privat ägo. De används som vandrarhem, museer, restauranger och hotell eller som scen för historiska riddarspel.

Marksburg

Jagd- oder Lustschloss zu begeistern. Dem Ein oder Anderen hat man gar ein Denkmal gesetzt, wie das gewaltige Monument am Deutschen Eck in Koblenz zeigt. Heute sind ein Großteil der Burgen und Schlösser in Privatbesitz. Sie dienen als Jugendherbergen, Museen, Restaurants und Hotels oder bieten Platz für historische Ritterspiele.

Nach wie vor ist das Mittelrheintal eine der schönsten Landschaften Deutschlands. Eine Schiffstour auf dem „Goldenen Fluss" gehört zu den touristischen Highlights und steht daher bei zahlreichen Gästen aus dem In- und Ausland ganz hoch im Kurs. Zum romantischen Rheintal gehören neben den zahlreichen Burgen auch imposante Kirchen, wie der prächtige Dom zu Köln und St. Martin in Mainz, die es zu erhalten und stets neu zu entdecken gilt. Nicht fehlen sollte für alle Freunde edler Tropfen der Hinweis auf den Anbau bester Riesling-Weine in den Steillagen entlang der Rhein-Ufer. Schmackhafte Erzeugnisse aus ehrgeizigen Winzerhänden, die in ihrer rassigen Art weltweit als unvergleichbar gelten.

Än idag hör mellersta Rhendalen till Tysklands absolut vackraste landskap. En skeppstur på den "gyllene floden" är en verklig upplevelse och är därför väldigt populär bland de talrika in- och utländska gästerna. Till den romantiska Rhendalen hör förutom de många borgarna också de storslagna kyrkorna, som exempelvis den praktfulla domkyrkan i Köln eller St. Martin i Mainz. Naturligtvis borde man inte glömma att nämna de fantastiska Riesling-vinerna, som odlas på de branta sluttningarna ner mot flodstränderna. Dessa goda viner från ambitiösa vinodlare är enastående i världen.

▲ **Koblenz, Deutsches Eck**

Kölner Dom
Kölns domkyrka

Erobert, belagert, gedruckt und geliebt - die Gutenbergstadt MAINZ

Es ist wie eine Zeitreise durch die fast 2000-jährige Geschichte: Seine erste Blüte erreichte der Ort unter den Römern, die hier ein riesiges Legionslager und grandiose Bauten wie das Aquädukt hinterließen. Weitere Relikte aus diesen Tagen sind im Römisch-Germanischen Zentralmuseum, im Ostflügel des ehemaligen kurfürstlichen Schlosses, zu entdecken. Nach wechselnden Herrschern drängten neue Zeiten heran. Der mächtige Salierdom St. Martin, indem zahlreiche Königskrönungen stattfanden, kündet bis heute von der Bedeutung der Stadt Mainz als Pfeiler der Christenheit nördlich der Alpen. Zum Anlass des 1000-jährigen Domjubiläums wurde die Heunen-säule, eine Bronzeplastik, die die Stadtgeschichte verdeutlicht, auf dem neu gestalteten Domplatz aufgestellt. Aus dem Mittelalter stammen Türme der alten Stadtbefestigung, Klöster und zahlreiche sakrale Bauten wie die Johanniskirche und St. Stephan, die einzige Kirche Deutschlands für die Chagall Fensterbilder anfertigte.

Bis heute prägen Mainz die verwinkelten Gassen, die stolzen Häuser und alten Plätze wo man sich gerne auf den Spuren von Johannes Gutenberg, dem großen Sohn der Stadt, bewegt. Der Erfinder des Buchdrucks

Erövrad, belägrad, „tryckt" och älskad - Gutenbergstaden MAINZ

Det är som en tidsresa genom den nästan 2 000 åriga historien: orten upplevde sin första blomstringstid under romarnas herravälde. Här byggde de ett jättelikt läger för sina legioner och grandiosa byggnader som akvedukten. Andra relikter från romartiden hittar man i romerska-germanska centralmuseet, som befinner sig i det före detta kurfurstliga slottets östra flygel. Efter ett antal olika härskare var det dags för nya tider. Den gigantiska domkyrkan St. Martin (där många kungar kröntes) vittnar om den stora betydelse staden Mainz hade för kristendomen norr om alperna. I samband med det tusenåriga jubileet, ställde man upp "Heunensäule" (en bronsskulptur som förklarar stadens historia) mitt på det nygestaltade domkyrkotorget ("Domplatz"). Tornen från stadens gamla försvarsanläggning härstammar från medeltiden precis som kloster och andra sakrala byggnader som t.ex. Johanniskyrkan och St. Stephan (Tysklands enda kyrka med fönsterbilder skapade av Chagall).

Än idag präglas Mainz av trånga gränder, stolta hus och gamla torg, som påminner om stadens store son Johannes Gutenberg. Boktryckarkonstens uppfinnare har gjort staden Mainz berömd över hela världen. Det står mycket skrivet om Gutenberg och i Gutenbergmuseet hittar man riktiga dyrgripar från den tid då boktryckarkonsten var ny. Mainz läser och lyssnar. Detta gäller särskilt för allt som kommmer från grannandet Frankrike. Staden har tagit över den franska livsstilen. Det märker även gäster och turister, när på

◂ **Renaissance Brunnen**
Renässans brunnen

▲ Mainz

▼ **Marktplatz mit Dom und Heunensäule**
Torget med domkyrka och Heunensäule

varma sommarkvällar anläggningarna längs Rhen, gautkaféerna och vinstugorna fylls med människor.

I Mainz, som är huvudstaden i delstaten Rheinland-Pfalz, finns ett av landets största universitet, byggt redan 1477. I Mainz finns också en rad TV-bolag, med ZDF som det största, och denna blandning av massmedia och administration, högskolor och näringsliv skapar en brokig skara av människor, som har sitt arbete och sitt hem här. En gång om året blir människorna i Mainz som förbytta: då är det nämligen dags för karneval med narraktiga upptåg och masker. Blåa måndagens parader är för många av

hat den Namen „Mainz" schwarz auf weiß in die ganze Welt hinein getragen. Vieles lässt sich über Gutenberg berichten, so manches nachlesen aber auch wahre Kostbarkeiten der Schriftsetzerkunst im Gutenbergmuseum entdecken. Mainz liest oder hört zu, vor allem was aus dem nahen Frankreich an neuem Denken und Ideen über die Grenze herüberschwappt. Besonders das französische Lebensgefühl hat die Stadt übernommen. Das spürt auch der Besucher, wenn an lauen Sommerabenden die Rheinanlagen und Altstadtplätze aber auch die Straßencafés und gemütlichen Weinlokale von genussfreudigen Menschen bevölkert werden.

Mainz als Landeshauptstadt von Rheinland-Pfalz hat heute eine der größten Universitäten, die bereits seit 1477 besteht. Mainz ist Heimat von mehreren TV-Sendern, angeführt vom ZDF, und diese Mischung aus Medienbranche und Verwaltung, aus Hochschulen und Wirtschaft schafft einen bunten Mix von Menschen, die hier arbeiten und wohnen. Einmal im Jahr wird diese Mischung vollends kräftig durchgeschüttelt, wenn die Mainzer Fastnacht mit Narretei

Brunnen in der Altstadt
Brunnar i den gamla staden

Mainz

▾ **Mainzer Dom**
Domkyrkan i Mainz

und Maskenspiel über die Stadt herein bricht. Der Rosenmontagszug ist der Höhepunkt und fester Termin für viele Mainzer. „Am Aschermittwoch ist alles vorbei" - so beginnt ein Fastnachts-Evergreen, für den Mainzer Karneval mag das zutreffen, die Stadt selbst aber hat zu jeder Jahreszeit „Saison". Sie verwöhnt die Gäste gerne mit regionalen Spezialitäten, die ihren Ursprung in einer weinhaltigen Küche haben. Zu einem „Mainzer Handkäs met Mussik" gehört ein spritziger Rheinhessen-Wein, der rund um Mainz bereits die sanfte Hügellandschaft bevölkert. Das städtische Nationalgericht ist so einfach

stadens invånare årets höjdpunkt. "På askonsdagen är allt förbi" - så börjar en av de gamla karnevalssångerna, något som kanske gäller för karnevalen, men inte för staden - här är alltid högsäsong. Mainz skämmer gärna bort sina gäster med regionala läckerheter, som har sitt ursprung i det vinhaltiga köket. Till en "Mainzer Handkäs met Mussik" hör ett fräscht Rheinhessen vin, som odlas på de mjuka kullarna kring Mainz. Stadens nationalrätt är lika enkel som god och börjar med tre berömda "W", "Weck, Worscht und Woi", vil-

Kurfürstliches Schloss
Kurfurstligt slott

Zeughaus und Deutschhaus
Tyghus und Tyskhus

wie lecker und beginnt mit den berühmten drei „W", „Weck, Worscht und Woi", was mit Brötchen, Wurst und Wein seine Übersetzung findet. Sie symbolisieren den unkomplizierten, heiteren Mainzer, der am und mit dem Rhein lebt.

ket översatt betyder bulle, korv och vin. En symbol för de muntra och okomplicerade människorna i Mainz som bor med och vid sin berömda flod.

Kurfürstliches Schloss
Kurfurstligt slott

Kurhaus - *Kurhus*

Die schöne Diva unter den Rheinstädten - WIESBADEN

Wiesbaden - da schwingt ein Hauch Champagnerlaune mit - und nicht von ungefähr gehört die Stadt zu den elegantesten Rheintöchtern, die sich am Ufer niedergelassen haben. Zwischen Rheingau und Taunushöhen eingebettet, hat sie ein überaus grünes Kleid, das sich in schattigen Alleen alter Bäume oder den weitläufigen Kurpark erstreckt.

Ein Spaziergang durch den Park führt unweigerlich zum

Den vackra divan bland Rhenstäderna - WIESBADEN

Wiesbaden hör till de elegantaste städerna vid Rhen. Inbäddad mellan Rhengau och Taunus kullar förfogar staden över en grön klänning av skuggiga alléer med gamla träd och den vidsträckta kurparken. En promenad genom parken leder alltid till kurhuset. Efter den påkostade renoveringen 1985, återinvigdes husets vackraste sal (den f.d. vinsalen) som kasino. Den som inte har lust att följa Dostojevskis exempel och spela bort alla sina pengar på roulette, kan istället börja med en liten promenad genom kolonnaderna, mittemot Hessens statsteater. Med 129 meter är dessa kolonnader Europas längsta pelarhall och här erbjuds diverse utställningar och arrangemang.

Längs "rue", som folket i Wiesbaden kärleksfullt kallar sin gågata, som egentligen heter Wilhelmstraße, är det lite förnämare än i andra städer. Här hittar man ädla boutiquer vid sidan om moderna bistros och glittrande juvelerare. Den som är förtjust i konst och antikviteter, väljer att promenera längs Taunusstraße med alla sina lockande erbjudanden. Mitt i stadens hjärta befinner man sig när man besöker "veckomarknaden", som håller till mellan rådhuset och delstatsparlamentet (som en gång var hertigens slott). Här slu-

Kurhaus - *Kurhus*

Kurhaus. 1985, nach aufwändiger Restaurierung, wurde im schönsten Saal des Hauses, dem ehemaligen Weinsaal, die Spielbank wieder eröffnet. Wer aber nicht wie Dostojewski 1865 sein ganzes Geld beim Roulette verlieren möchte, der versucht erstmal sein Glück beim Kleinen Spiel in den Kolonnaden, gegenüber dem hessischen Staatstheater. Mit 129 Meter sind die Kolonnaden die längste Säulenhalle Europas und bieten diverse Ausstellungen und Veranstaltungen.

Entlang der „Rue", wie die Wiesbadener liebevoll und auch etwas stolz die Flaniermeile der Wilhelmstraße nennen, geht es etwas feiner zu als anderswo. Hier finden sich edle Boutiquen neben trendigen Bistros und glitzernden Juweliergeschäften. Wer ein Faible für Kunst und Antiquitäten hat, der wird die Taunusstraße entlang bummeln und von Schönem und Teurem versucht werden.

tar de breda gatorna och man träffar på den gamla stadens trånga gränder, där gallerier och små affärer blandas med kaféer och restauranger.

Förutom de varma källorna besitter Wiesbaden också den atmosfär, som utmärker en historisk badstad. Redan Plinius den äldre omnämner de varma termalbaden, vilka var väldigt populära bland romarna. Ett verkligt badlustens tempel, som förbinder

Ganz nah am Herz der Stadt fühlt man sich hingegen auf dem bunten Wochenmarkt, der zwischen Rathaus und Landtag, dem einstigen herzoglichen Stadtschloss, abgehalten wird. Hier weichen die breiten Straßen den winkeligen Altstadtgassen, wo Galerien und kleine Ladengeschäfte eine bunte Mischung mit Cafés und Restaurants eingehen.

Wiesbaden besitzt neben den heißen Quellen auch den Flair, der historische Bäderstädte auszeichnet. Schon Plinius der Ältere erwähnt die heißen Thermen, in denen sich die Römer gerne zur körperlichen wie auch geistigen Erbauung aufhielten. Ein wahrer Tempel der Badelust, der zeitgemäße Verwöhnmomente mit der Sinnlichkeit alter Bäderarchitektur verbindet, ist das historische Kaiser-Friedrich-Bad. Der Kochbrunnen, bereits 1366 erwähnt, ist mit seinen 15 Quellen und der heißen Natrium-Chlorid-Therme die wohl bekannteste Quelle der Stadt.

Im ausgehenden 18. und 19.Jahrhundert formierte sich hier in Wiesbaden die Bädertradition neu und erhob die Stadt zu einem „Weltkurort" - einem internationalen Treffpunkt von Adel, Geld und Politik.

nutida badkultur med den gamla badarkitekturens sinnlighet, är det historiska Kaiser-Friedrich-Bad. Kokbrunnen, som redan omnämndes så tidigt som 1366, är med sina 15 källor och det varma natriumklorid-termalbadet, förmodligen stadens mest kända källa. I slutet av 18:e och under 19:e århundradet omgestaltades Wiesbadens badtradition, vilket gjorde staden till en "världskurort" - en internationell träffpunkt för adel, pengar och politik. Tsarer och kungar besökte staden, precis som konstnären Jawlensky eller kompositen Wagner. Än idag påminner mycket om denna storhetstid.

I Wiesbaden visar man gärna att man lever gott. I Nerodalen får stadens buller ge vika för fåglarnas kvittrande, som håller till i de förnäma villornas trädgårdar. Ett helt kvarter, som imponerar genom de många olika byggnadsstilarna och som då och då kan väcka lite avund. Härifrån kan man åka upp på Neroberget med en linbana för att njuta av det historiska utsiktstemplet. Grekiska kapellet, som ligger bredvid, i rysk-bysantinsk stil är en exotisk upplevelse. När blicken vandrar över staden och Rhenslätten har man fått ännu ett skäl, för att ge sig in i Wiesbaden.

Nero Tempel

Zaren und Könige statteten der Stadt ebenso einen Besuch ab, wie der Maler Jawlensky oder der Komponist Wagner. Noch heute künden viele Erinnerungen von der großen Zeit.

In Wiesbaden zeigt man gerne, dass es sich hier gut leben lässt. Im Nerotal weicht das Getöse der Innenstadt dem Zwitschern der Vögel, die sich in den Gartengrundstücken der herrschaftlichen Villen aufhalten. Ein ganzes Viertel, das mit den vielfältigsten Baustilen beeindruckt und heimliche Sehnsucht nach solchen Domizilen schürt. Von hier aus führt auch eine Drahtseilbahn hinauf zum Neroberg mit seinem historischen Aussichtstempel. Die Griechische Kapelle, gleich daneben, im russisch-byzantinischen Stil gibt ein ungewohnt-exotisches Bild ab. Weit schweift der Blick von hier über Stadt und Rheinebene. Ein Grund mehr, um in Wiesbaden einzutauchen.

Griechische Kapelle
Grekiska kapellet

Wo Goethe einst tafelte - SCHLOSS BIEBRICH

Schloss Biebrich ist ein Bild von einem Schloss. Der prächtige rot-weiße Barockbau steht in exponierter Lage direkt am Rheinufer und das Bauwerk gehört zu den imposantesten Schlössern am Mittelrhein. Einst als kleines Sommerhaus für die Fürsten von Nassau-Idstein geplant, zeugt das Gebäude aus der Mitte des 18. Jahrhunderts vom gestiegenen Repräsentationswunsch der Erbauer. Heute befindet sich das Schloss in behördlicher Nutzung - aber die schönsten Räume wie die Rotunde und die Galerien können für Feste und Veranstaltungen angemietet werden. Während zur einen Seite der Rhein fließt, zeigt sich auf der Rückseite ein grünes Gartenreich, wo ein weitläufiger englischer Landschaftspark zum Spazieren und Erholen einlädt. Park und Schloss sind Juwelen am Rande der Bädermetropole Wiesbaden.

Här åt Goethe middag - SLOTT BIEBRICH

Slottet Biebrich är ett sällsynt vackert slott. Den praktfulla vit-röda barockbyggnaden ligger direkt vid floden Rhen och hör till mellersta Rhens mest imponerande byggnadsverk. Slottet som under mitten av 18:e århundradet planerades som en liten sommarresidens åt fursten från Nassau-Idstein, utvecklades till ett representationsobjekt av allra högsta klass. Idag är slottet statsägt och används av myndigheterna. De vackraste rummen t.ex. rotunda och gallerier kan man hyra för tillställningar eller fester. Medan floden Rhen flyter på den ena sidan, visar sig ett grönt trädgårdsrike med en engelsk landskapspark, ideal för promenader och avkoppling, på andra sidan. Parken och slottet är juveler i utkanten av Wiesbaden, som är ett känt badcentrum.

Eine Rose für dich - ELTVILLE

Ein Besuch der ältesten Stadt des Rheingaus wird schnell zu einem Erlebnis für die Sinne. Eltville ist nicht nur traditionsreicher Produktionsort für erstklassige Weine und Sekte, sondern beeindruckt auch als „Rosenstadt" mit einer Fülle an prachtvollen Exemplaren dieser Königin der Blumen. Rund 350 Sorten sollen es sein und die Rosenanlagen entlang des Burggrabens faszinieren mit ihren Farben und Düften.

Gutenberg erfuhr in Eltville seine einzige Ehrung zu Lebzeiten als er vom Kurfürsten zu dessen Hofmann ernannt wurde. Enge Gassen ziehen sich durch die von Fachwerk und historischen Winzergütern geprägte Altstadt und dort, wo Weinwirtschaften und nette Cafés zu einer Rast einladen, erlebt man Rheinromantik auf Schritt und Tritt.

Rosornas stad - ELTVILLE

Ett besök i rhenområdets äldsta stad blir till en sinnenas fest. Eltville är inte bara en traditionsrik tillverkningsort för förstklassiga viner och sekt, utan imponerar också som "rosornas stad". Här lär finnas över 350 sorter av denna blommornas drottning. Rosenrabatterna längs vallgraven fascinerar med sina färger och dofter. Gutenberg fick i Eltville ta emot sin livstids enda hyllning, när kurfursten utnämnde honom till hovman.

Trånga gränder slingrar sig igenom den gamla staden, som präglas av korsvirke och historiska vingårdar. Det är just här bland vinstugorna och hemtrevliga kaféer, som man ständigt upplever denna regions enastående romantik.

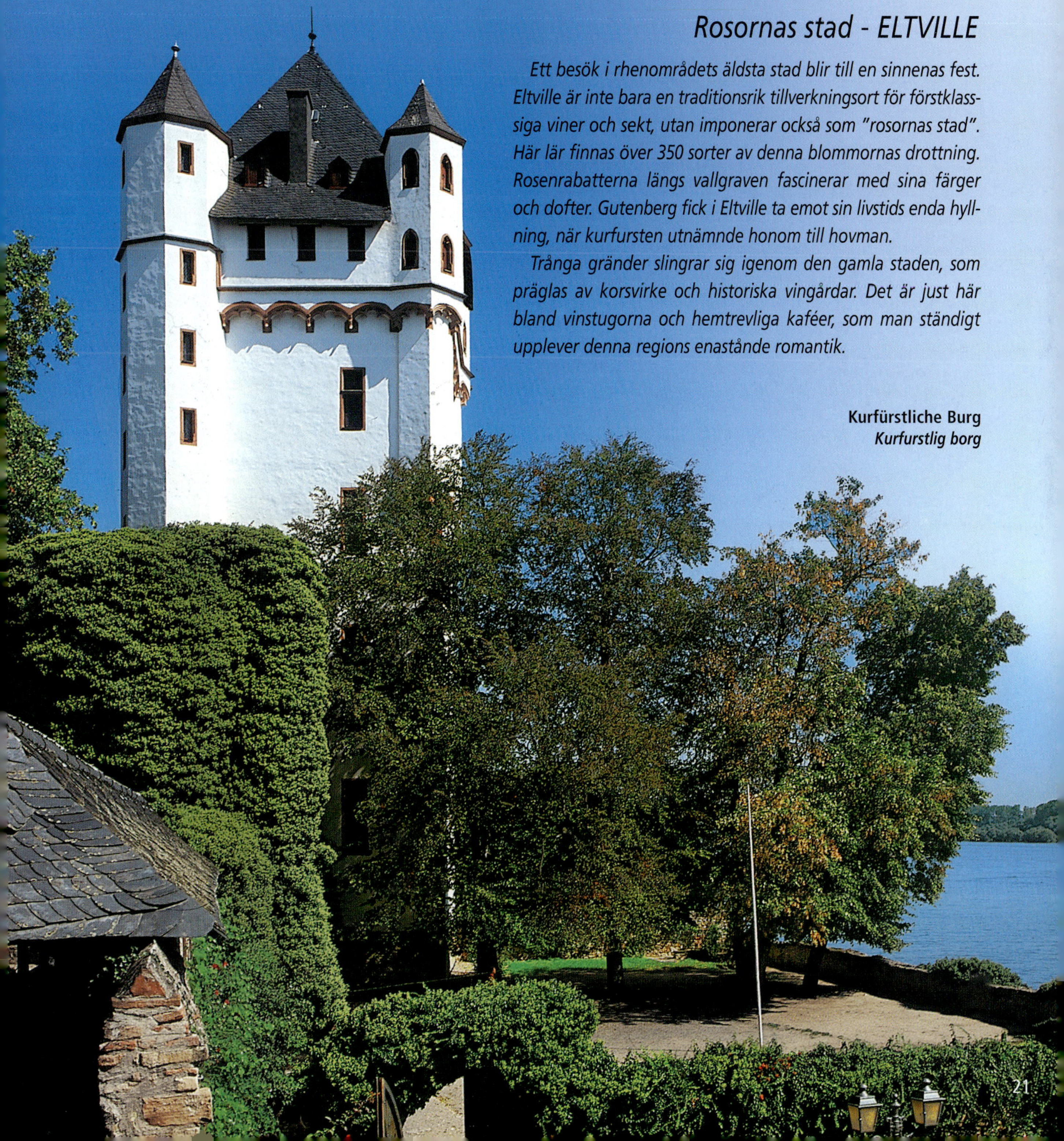

Kurfürstliche Burg
Kurfurstlig borg

▸ **Alter Rheinkran**
Gammal Rhenkran

▾ **Schloss Johannisberg**
Slott Johannisberg

Kultur und Geselligkeit - OESTRICH-WINKEL

Schon von Weitem begrüßt der historische Weinverladekran von 1745 die Besucher von Oestrich-Winkel, der größten Weinstadt Hessens. Älter, aber nicht weniger sehenswert sind die romanische Kirche St. Martin, das Kloster Eberbach, das Brentanohaus und das „Graue Haus" (ältestes Steinhaus Deutschlands). Wer lieber zum Feiern kommt, den begrüßt die Stadt zum „Dippemarkt" im Mai und zur Oestrich-Winkeler Jazzwoche im Rahmen des „Lenchenfests" im Juli.

Kultur och sällskaplighet - OESTRICH-WINKEL

När man besöker Oestrich-Winkel, Hessens största vinstad, ser man redan på långt håll den historiska vinkranen från 1745. Ännu äldre och absolut lika sevärda är den romanska kyrkan St. Martin, klostret Eberbach, Brentanohuset och det "gråa huset" (Tysklands äldsta stenhus). Den som hellre kommer hit för att festa kan komma till "Dippemarkt" i maj och till Oestrich-Winkel's jazzvecka, som arrangeras i samband med "Lenchenfesten" i juli.

Heimat der „Späten Lese" - SCHLOSS JOHANNISBERG

Da schon seit 817 Wein auf dem Johannisberg angebaut wird, gilt das 1715 erbaute Schloss Johannisberg, hervorgegangen aus dem um 1100 gegründeten Kloster, als eines der ältesten Riesling-Weingüter der Welt. Ein Zufall bescherte den Mönchen 1775 die „Späte Lese" (Spätlese) des Weins. Noch heute bewohnen Nachfahren der Fürsten von Metternich das Schloss.

Den sena vinskördens hem - SLOTT JOHANNISBERG

Redan år 817 odlade man vin på Johannisberg och slottet som byggdes 1715 var från början ett kloster (grundat cirka år 1100). Därmed är slott Johannisberg en av världens äldsta Riesling-vingårdar. Den var en ren tillfällighet, som 1775 skänkte munkarna den sena vinskörden ("Spätlese"). Än idag bor furste von Metternichs ättlingar i slottet.

Die Wiege des Rhein-Tourismus - RÜDESHEIM

Klein, aber mit großem Namen! Rüdesheim gehört zu den meist frequentierten Gemeinden im Rheingau. Und was wäre ein Ausflug dort hin ohne den Fuß auf das weltberühmte Pflaster der Drosselgasse gesetzt zu haben.

Das älteste Weinhaus in der Gasse ist der „Drosselhof". Erbaut 1727 als Winzerschänke, erlangte es im Laufe der Jahre internationalen Ruf. Oder, gleich gegenüber, der „Lindenwirt" ein mit reich verzierten Erkern und offenen Galerien geschmücktes Fachwerkhaus. Ausgelassene Fröhlichkeit oder romantische Atmosphäre - im Herzen der Altstadt hat die 144,5 Meter lange Drosselgasse für jeden Geschmack das Passende zu bieten. Etwas weiter unten, direkt am Rheinufer, befindet sich der Adlerturm, ein Eckturm der alten Stadtbefestigung aus dem 15. Jahrhundert. Schon Goethe bewunderte von hier aus die Aussicht über den Rhein.

Rhen-turismens vagga - RÜDESHEIM

Liten, men med ett stort namn! Rüdesheim hör till de mest besökta kommunerna i Rhenområdet. Och vad vore en utflykt dit utan att ta en promenad längs den världsberömda gränden "Drosselgasse".

Grändens äldsta vinstuga är "Drosselhof". Den byggdes 1727 som vinkrog och har under årens lopp blivit en internationell berömdhet. Mittemot ligger "Lindenwirt", ett utsmyckat korsvirkeshus med utsprång och öppna gallerier. Uppsluppenhet eller romantisk atmosfär - mitt i stadens centrum tillgodoser den 144,5 meter långa Drosselgasse alla smaker och önskemål.

Något längre ner, direkt vid Rhens flodstrand, finns Adlerturm (örntornet), en gammalt hörntorn som var en del av stadens försvarsanläggning från 15:e

▸ **Adlerturm**

▾ **Rheinstraße**
Rheinstrasse

Rüdesheim

Überhaupt zeigt sich Rüdesheim von seiner schönsten Seite, wenn man es vom Rhein aus betrachtet. Von hier startet man, ob mit Fahrgastschiffen oder mit dem Schaufelrad-Dampfer, zu den herrlichsten Ausflügen rheinauf- oder abwärts.

århundradet. Redan Goethe beundrade utsikten härifrån. Rüdesheim är absolut som vackrast när man betraktar staden från floden. Här kan man stiga på färjor och hjulångare och ge sig iväg på underbara skeppsturer nedför och uppför Rhen.

▾ **Weinmuseum Brömserburg** - ***Vinmuseet Brömserburg***

Boosenburg

Drosselgasse

Als eine der ältesten Zoll- und Wohnburgen am Rhein, beherbergt die Brömserburg heute das Rheingauer Wein-Museum, mit einer der ältesten weinbezogenen Sammlungen der Welt. Wer aber Burgen mit Grusel und Folter verbindet, der besucht lieber das mittelalterliche Foltermuseum und lässt sich von zahlreichen Exekutions- und Folterwerkzeugen beeindrucken.

Brömserburg är en av Rhens äldsta tull- och bostadsborgar och härbärgerar idag Rheingauer Wein-Museum, med en av av världens äldsta vinsamlingar. Den som är mer intresserad av borgar med spöken och tortyr, bör besöka det medeltida tortyrmuseet. Här finns talrika avrättnings- och tortyrredskap att titta på.

◂ Drosselgasse

Die Wacht am Rhein - das NIEDERWALDDENKMAL

NIEDERWALDMONUMENTET - vakar över Rhen

Blick auf Bingen
Utsikt över Bingen

Hoch über den Weinbergen von Rüdesheim - unterhalb des lichten Niederwaldes - steht die mächtige „Germania", flankiert von den allegorischen Figuren Krieg und Frieden.

Die „Germania" selbst präsentiert sich als eine Kolossalstatue aus Bronze. Die Kaiserkrone hochhaltend, mit der Linken auf ein Schwert gestützt, thront sie auf einem vielfach untergliederten Sockel. Eine Gedenkschrift erinnert an den siegreichen Feldzug gegen Frankreich in den Jahren 1870/71. Der damalige Kaiser Wilhelm I. weihte persönlich das Monument ein. Gebaut wurde es vom Architekten Karl Weißbach nach

Högt ovanför Rüdesheims vinberg - nedanför den glesa lågskogen - står den mäktiga "Germania", omgiven av de allegoriska figurerna krig och fred. "Germania" är en gigantisk staty av brons. Den står på sin sockel och sträcker kejsarkronan mot himlen med den högra handen, medan den stöttar sig på ett svärd med den vänstra handen. En minnesskrift påminner om det segerrika fälttåget mot Frankrike 1870/71. Den dåvarande kejsaren Wilhelm I. stod personligen för invigningen av detta monument. Det byggdes av arkitekten Karl Weißbach efter en ritning av skulptören

Niederwalddenkmal
Niederwaldmonumentet

einem Entwurf des Bildhauers Johannes Schilling.

Ein Besuch der „Germania", der Wächterin über den Rhein hinweg, gehört zum Pflicht-Programm eines jeden Rheingau-Besuches. Schon alleine wegen der atemberaubenden Aussicht auf das Rhein- und Nahe-Tal muss man zu Füßen der Germania gestanden haben. Von der Denkmalanlage aus durchzieht ein weites Netz von Spazierwegen den Niederwald. Immer wieder beeindruckt dabei der Blick auf den Rhein.

Johannes Schilling.

Om man besöker Rhen är det mer eller mindre obligatoriskt att titta på den storslagna "Germania", som vakar över den stora floden. När man står framför statyn har man en underbar utsikt över Rhen- och Nahedalen. Från monumentet leder ett nät av vandringsvägar genom lågskogen och ständigt stannar man till för att beundra utsikten över floden Rhen.

▸ **Niederwalddenkmal**
Niederwaldmonumentet

▾ **Vater Rhein und Mutter Mosel**
Fader Rhen och moder Mosel

Stadt mit Tradition - BINGEN

Bingen, zu beiden Seiten der Nahe-Mündung gelegen, war Stützpunkt römischer Kohorten. Bereits im 1.Jahrhundert. nannte sich die Lagerstätte Bingium - und ist somit Namensgeber des heutigen Bingen. Eine der römischen Hinterlassenschaften ist die Drususbrücke. Als eine der ältesten Steinbrücken Deutschlands verbindet sie Bingen und Bingerbrück. Ihre im Brückenpfeiler befindliche Kapelle gibt noch heute Zeugnis vom mittelalterlichen Aberglauben.

Besonders sehenswert sind Burg Klopp hoch über der Stadt und die romanische Basilika St. Martin. Die Jahrhunderte

En stad med tradition - BINGEN

Bingen, som ligger på båda sidorna av floden Nahes mynning, var en av de romerska kohorternas baser. Redan under det 1:a århundradet kallades lägret Bingium - och är därmed staden Bingens namngivare. En av romarnas kvarlåtenskaper är Drususbron. Den är en av Tysklands äldsta stenbroar och förbinder Bingen med Bingerbrück. Kapellet i en pelare av brons pelare vittnar än idag om medeltida

Burg Klopp

Bingen

überdauert hat auch die Holzkonstruktion des alten mit Schiefer verkleideten Krans am Hafen. Wie überall am Rhein brachten die römischen Heerscharen den Weinanbau auch nach Bingen. Ein Segen für die Stadt, denn bis heute gehört der Weinhandel und auch der Rebenanbau zu den Haupttätigkeiten der unternehmungslustigen Binger Bürger.

Zum wirtschaftlichen Aufschwung beigetragen hat auch, dass Bingen seit jeher ein wichtiger Verkehrsknotenpunkt ist. Hier kreuzen sich die Schienen- wie auch Straßenwege nach Koblenz, Mainz, Trier und Bad Kreuznach. Die wohl bekannteste Tochter der Stadt ist Hildegard von Bingen, die im heutigen Stadtteil von Bingerbrück ihr erstes Kloster gründete. Zu einem ihrer bedeutendsten Werke gehört das medizinische Lehrbuch „Die Ursachen und die Behandlung der Krankheiten".

vidskeplighet. Särskilt sevärda är också borgen Klopp som ligger högt ovanför staden och den romanska kyrkan St. Martin. Även den gamla skiffertäckta hamnkranens träkonstruktion har trotsat tidens gång. Precis som överallt längs Rhen, var det de romerska trupperna, som hade med sig vinodlingen till Bingen. En välsignelse för staden, ty än idag hör vinbergen och vinhandeln till huvudverksamheten för företagsamma medborgare i Bingen. Viktigt för näringslivets uppsving var och är stadens gynnsamma geografiska läge. Här korsas järnvägsspåren och vägarna till Koblenz, Mainz, Trier och Bad Kreuznach.

Stadens mest kända dotter är förmodligen Hildegard von Bingen, som grundade sitt första kloster i den nuvarande stadsdelen Bingerbrück. Ett av hennes mest betydande verk var den medicinska läroboken "Sjukdomars orsak och behandling".

Burg Klopp

Dem Schutzheiligen gewidmet - die ROCHUSKAPELLE

Eine schmucke Wallfahrtskapelle bestimmt die Silhouette des Rochusberges im Südosten der Stadt Bingen. Dem Schutzheiligen Rochus im Pestjahr 1666 gewidmet, mehrfach zerstört, entstand der heute erhaltene Kapellenbau nach Plänen des Limburger Architekten Max Meckel Ende des 19.Jahrhunderts. Kunstvolle Altarflügel und Gemälde machen diese Kapelle zu einem Anziehungspunkt.

ROCHUSKAPELLET - tillägnad skyddshelgonet

Det vackra kapellet i sydöstra Bingen bestämmer Rochusbergets siluett. Under pestens år 1666 tillägnades kapellet skyddshelgonet Rochus. Det förstördes ett antal gånger och det kapell som finns idag, byggdes efter arkitekten Max Meckel´s planer från 19:e århundradet. Konstfulla altarflyglar och tavlor gör detta kapell till en verklig attraktion.

Grausame Geschichte grauer Nager - der MÄUSETURM

Die Legende lebt: Nachdem der hartherzige Erzbischof Hatto II. die Bürger bei einer Hungersnot verbrennen ließ, flüchtete er hierher und wurde von Mäusen gefressen. Tatsächlich aber leitet sich der Name von „Maut" gleich Zoll ab. Der schlanke Wartturm auf einer Felseninsel bei Bingen diente den Mainzer Erzbischöfen als Wacht- und Zollturm. Später nutzte die Schifffahrt das im 19.Jahrhundert im neugotischen Stil renovierte Bauwerk als Signalstation. Heute ist der „Mäuseturm" ein stolzes Wahrzeichen der Stadt Bingen und beliebtes Fotomotiv der Reisenden.

Mäuseturm und Burg Ehrenfels bei Bingen
Mäuseturm och Borg Ehrenfels utanför Bingen

Grymma historier om gråa gnagare - der MÄUSETURM

Legenden lever: sedan den hårdhjärtade ärkebiskopen Hatto II. brände ihjäl medborgarna under svälten, flydde han hit och blev uppäten av mössen. Men egentligen fick inte tornet sitt namn genom ordet "Maus" (mus) utan genom ordet "Maut" (tull). Det smala tornet som står på en klippig ö i närheten av Bingen, användes som vakt- och tulltorn av ärkebiskoparna från Mainz. Byggnadsverket som under 19:e århundradet renoverades i neogotisk stil användes senare som signalstation av sjöfarten. Idag är "Mäuseturm" (mustornet) ett av staden Bingens stolta symboler och ett omtyckt fotomotiv bland turister.

Geldquelle für die Geistlichkeit - BURGRUINE EHRENFELS

Erhaben und weit sichtbar wacht sie über das „Binger Loch“: Die Mainzer Erzbischöfe ließen Burg Ehrenfels vermutlich Anfang des 13.Jahrhunderts auf der rechten Rheinseite bei Rüdesheim errichten. Zusammen mit Burg Klopp und dem Mäuseturm bildete die quadratische Burganlage einen Sperrriegel gen Norden. Burg Ehrenfels als Zollburg erbaut, diente den Mainzer Erzbischöfen als Fluchtstätte und beherbergte in Kriegszeiten den Mainzer Domschatz. Von den Franzosen 1689 in den Pfälzischen Erbfolgekriegen größtenteils zerstört, mussten noch erhaltene Burgmauern dem Rebenanbau auf Terrassen weichen.

Inkomstkälla för prästerskapet - BORGRUINEN EHRENFELS

Storslagen och väl synlig vakar den över "Binger Loch". Förmodligen var det under 13:e århundradet, som ärkebiskoparna i Mainz byggde borgen Ehrenfels på Rhens högra sida i närheten av Rüdesheim. Tillsammans med borgen Klopp och "Mäuseturm", bildade denna kvadratiska borganläggningen en spärr mot norr. Borgen Ehrenfels, byggd som tullborg, användes av ärkebiskoparna som tillflyktsort och när det var krig gömdes domkyrkans skatt här. Fransmännen förstörde 1689 - under tronföljarkriget - borgen fullständigt. De borgmurar som klarade sig fick sedan ge vika för vinodlingarna.

Wo Ritterträume in Erfüllung gehen - BURG RHEINSTEIN

Auf einem steilen Felsen gegenüber der Rotweinstadt Assmannshausen liegt Burg Rheinstein am linken Rheinufer mit traumhaften Ausblicken auf den Rhein und seine Uferbereiche. Rheinstein ist beispielhaft für den bedeutenden Burgenaufbau im Zeitalter der Romantik. Die um das Jahr 900 erbaute und bis heute noch nur über einen kurzen Fußweg zu erreichende Burg hatte ihre Glanzzeit unter Rudolf von Habsburg. Der saß gegen Ende des 13.Jahrhunderts mit seinem Gefolge in diesen mächtigen Festungsanlagen über die „Raubritter vom Rhein" zu Gericht. Nach dem Verfall der Burg im 18.Jahrhundert fertigte kein Geringerer als der Architekt Johann Claudius

Här uppfylls riddardrömmar - BORG RHEINSTEIN

På en brant klippa mittemot "rödvinstaden" Assmannshausen, ligger borgen Rheinstein på Rhens vänstra flodstrand med en underbar utsikt på floden Rhen och dess omgivning. Rheinstein är ett lysande exempel på borgarnas arkitektur under romantikens tidsålder. Borgen som byggdes på 900-talet kan än idag nås till fots. Dess glanstid upplevde borgen under Rudolf von Habsburg. I slutet av 13:e århundradet var denne del av domstolen i den gigantiska fästningen, som gav "Rhens rovriddare" sitt rättvisa straff. Efter borgens förfall under 18:e århundradet, byggde arkitekten Johann Claudius von Lassaux om de förfallna murarna till en furstlig sommarresidens. Denne Johann Claudius von Lassaux var med och restaurerade och byggde om många slott och borgar längs mellersta Rhen. Prins Friedrich von Preussen köpte den f.d. tullstationen (som tidigare ägts av ärkebiskoparna

Burg Rheinstein

▸ **Burgundergarten und Burgturm**
Burgundträdgården och borgtornet

von Lassaux, dessen „Handschrift“ wir in diesem Flussabschnitt häufiger begegnen, aus dem verfallenen Mauerwerk Anfang des 19. Jahrhunderts eine fürstliche Sommerresidenz. Prinz Friedrich von Preußen hatte die frühere Zollstätte der Mainzer Erzbischöfe 1823 erworben und den zur damaligen Zeit heiß begehrten Architekten ans Werk geschickt.

So verwundert es nicht, dass viele gekrönte Häupter wie Victoria von England und die russische Zarin zu Gast auf Burg Rheinstein waren.

Im Jahr 1975 erwarb der Opernsänger Hermann Hecher die Burg. Gemeinsam mit dem Förderverein „Freunde der Burg Rheinstein“ und Landesfördermitteln ist es ihm in jahrzehntelanger Arbeit gelungen, die Burganlage und die eindrucksvollen Innenräume mit all ihren Schätzen für die Nachwelt zu erhalten. Kostbare Glas- und Wandmalereien

från Mainz) år 1823 och satte den berömde arkitekten i arbete. Inte att undra på att många krönta huvuden, som t.ex. Viktoria av England och den ryska tsarinnan, var gäster på borgen Rheinstein.

1975 köpte operasångaren Hermann Hecher borgen. Tillsammans med föreningen "borgen Rheinsteins vänner" och bidrag av delstaten, har han lyckats bevara borgen och dess inre med all sina skatter. Värdefulla glas- och väggmålningar från 14:e århundradet, stilfulla möbler, dyrbara kristallkronor, ädla tapeter och en öppen spis i renässans stil från Köln samt riddarrustningar bevaras i borgens värdefull-

Kapelle und Burgundergarten
Kapellet och Burgunderträdgården

Burgkapelle
Borgkapellet

Burg Rheinstein

Burg Rheinstein · Knappenhalle - ***Borg Rheinstein - väpnarnas hall***

Burg Rheinstein · Kredenz-Zimmer - ***Borg Rheinstein - serveringsrummet***

aus dem 14. Jahrhundert, stilvolle Möbel, wertvolle Kristallleuchter, edle Tapeten und ein Renaissancekamin kölnischen Ursprungs sowie eiserne Ritterrüstungen im mit

▾ **Burg Rheinstein · Rittersaal** - ***Borg Rheinstein - riddarsalen***

laste rum och beundras årligen av många besökare.

Den som älskar nattvandringar, kommer att bli förtjust i fackeltåget upp till borgen med ett dryckeslag i den upplysta

Sicherheit wertvollsten Raum der Burg werden durch zahlreiche Besucher bewundert. Wer Nachtwanderungen liebt, dem wird der Fackelaufstieg zur Burg mit Umtrunk im beleuchteten Burgundergarten und anschließender Führung durch die Räumlichkeiten in eindrucksvoller Erinnerung bleiben. Ein besonderes Bonbon für heiratswillige Paare ist eine Trauung in der liebevoll restaurierten Schlosskapelle. Und wem das nicht reicht, der bucht eine Übernachtung gleich mit. Im Kommandanten-Turm steht ein verträumtes Quartier für zwei Personen zur Verfügung. Wer mehr Platz braucht, der bezieht das Prinz-Georg-Appartement.

Burgundträdgården. Detta fackeltåg slutar med en slottsvisning, som man inte glömmer i första taget. Par som funderar på att gifta sig, kann göra slag i saken och fira bröllop i det kärleksfullt restaurerade slottskapellet. Och den som tycker att det borde finnas ännu mer, kan boka övernattning. I kommendantens torn står ett mysigt kvarter för två personer till förfogande. Den som behöver ännu mer plats, väljer naturligtvis Prins-George-sviten.

▲ **Burg Rheinstein · Prinzessinnenschlafgemach**
Borg Rheinstein - prinsessornas sovgemak

Burg Rheinstein · Blauer Salon
Borg Rheinstein - blåa salongen

Burg Rheinstein · Roter Salon
Borg Rheinstein - röda salongen

Raubritter und räuberische Vögel - BURG REICHENSTEIN

Die wehrhafte Anlage der Burg Reichenstein gilt als eine der ältesten Burganlagen am Mittelrhein. Vermutlich im frühen 11. Jahrhundert gegründet, diente sie als Raubritterburg der Eintreibung von unrechtmäßigen Zöllen. Der Rheinische Städtebund und später auch König Rudolf von Habsburg ließen die Anlage mit ihren mächtigen doppelten Ringmauern zerstören. General Baron Wilhelm von Barfuß fand 1834 Gefallen an den Mauerresten und

Rovriddare och rovfåglar - BORG REICHENSTEIN

Borgen Reichensteins befästa anläggning är en av de äldsta borgarna vid mellersta Rhen. Den grundades förmodligen i början av 11:e århundradet och tjänade som borg för rovriddare, som drev in orättmätiga tullar. Det rhenländska stadsförbundet och senare också kung Rudolf von Habsburg förstörde anläggningen med de tjocka dubbla ringmurarna. General baron Wilhelm von Barfuß blev förtjust i ruinen 1834 och började först med att inreda byggnaden vid porten för bostadsändamål. På grund

Burg Reichenstein

richtete sich zunächst das Torgebäude zu Wohnzwecken ein. Inspiriert von der zahlreichen Besiedlung durch Turmfalken, gab er seiner Reichenstein den Zweitnamen „Falkenburg".

In den Jahren von 1899 bis 1902 kamen auch die übrigen Burgreste an die Reihe: Der Industrielle Nicolaus Kirsch-Puricelli ließ sich von einem Regensburger Architekten die komplette Anlage zu einer großen Wohnburg nach dem Muster englischer Neugotik ausbauen. Die teilweise aus dieser Zeit noch erhaltenen Wohnräume sind ein Zeugnis der damaligen großbürgerlichen Wohnkultur. Rüstungen, wertvolles Mobiliar, eine seltene Ofenplattensammlung, Porzellan, Waffen aus mehreren Jahrhunderten und Jagdtrophäen von vier Kontinenten sind in bemerkenswert gutem Zustand erhalten und zu besichtigen.

av de många tornfalkarna som slagit sig ned på egendomen, gav han Reichenstein dess andra namn "Falkenburg".

Under åren 1899 till 1902 var det dags för de andra ruinerna. Företagaren Nicolaus Kirsch-Puricelli gav en arkitekt från Regensburg uppdraget att bygga om hela anläggningen till en bostadsborg i engelsk neogotisk stil. De delvis bevarade bostäderna vittnar om denna tids storborgerliga bostadskultur. Rustningar, värdefulla möbler, en sällsynt samling av ugnsplattor, porslin, vapen från många århundraden och jakttroféer från fyra kontinenter är i förvånansvärt gott skick och kan besiktigas.

Burg Reichenstein

Vom Raubritternest zum Jagdschloss - BURG SOONECK

Durch die Abtei Kornelimünster wurde diese Anlage unter dem Namen „Saneck“ vermutlich im 11.Jahrhundert erbaut. Die klösterlichen Vögte unternahmen Raubzüge, plünderten Reisende aus und erhoben eigenmächtig Zölle. Diesem Treiben wurde 1245 und 1282 ein Ende gesetzt. Das Raubritternest wurde endgültig ausgehoben. Kronprinz Friedrich Wilhelm von Preußen und seine Brüder kauften die Ruine und ließen sie als Jagdschloss wieder aufbauen. Burg Sooneck ist heute im Besitz des Landes Rheinland-Pfalz und kann im Rahmen einer Führung besichtigt werden.

Från rövarnäste till jaktslott - BORG SOONECK

Denna anläggning byggdes förmodligen under 11:e århundradet på uppdrag av abbotsdömet Kornelimünster. Den bar då namnet "Saneck". Klostrets fogdar gav sig ut på rövartåg, plundrade resenärer och tog emot orättmätiga tullar. 1245 och 1282 satte man stopp för dessa fasoner. Rövarnästet sprängdes. Kronprins Friedrich Wilhelm von Preußen och hans brödrar köpte ruinen och lät borgen återuppstå som ett jaktslott. Borgen Sooneck tillhör idag landet Rheinland-Pfalz och kan besiktigas.

Trutzburg der Kurmainzer und Ruine bei Lorch - HEIMBURG und RUINE NOLLIG

Als Trutzburg der Kurmainzer gegen die Pfalzgrafen wurde die Heimburg Ende des 13.Jahrhunderts erbaut. Durch Raub und Brand mehrmals zerstört, ließ sie der Industrielle Hugo Stinnes im 19.Jahrhundert wieder aufbauen. Die Burg ist heute noch in Privatbesitz. Burgruine Nollig am gegenüberliegenden Rheinufer bei Lorch stand ursprünglich als massiver Wachturm an strategisch bedeutender Stelle auf einer hochgelegenen Bergnase. Von den Burgmauern herab begeistert ein traumhafter Blick über die Mündung der Wisper in den Rhein.

Försvarsborgen och ruinen vid Lorch - BORGEN OCH RUINEN NOLLIG

Försvarsborgen byggdes i slutet av 13:e århundradet som skydd mot grevarna från Pfalz. Den förstördes ett flertal gånger genom plundring och brand. Företagaren Hugo Stinnes återuppbyggde borgen under 19:e århundradet. Borgen är än idag i privat ägo. Den högt liggande Borgruinen Nollig, som ligger på andra sidan av Rhen i närheten av Lorch, var ursprungligen ett massivt vakttorn. Från borgens murar har man en underbar ustikt över floden Wispers mynning.

▲ **Burgruine Nollig über Lorch**
Borgruinen Nollig över Lorch

▼ **Heimburg über Niederheimbach**
Heinburg över Niederheimbach

Aus dem Dornröschenschlaf erwacht - RUINE FÜRSTENBERG

Eine graue Burgruine mausert sich zur Schönheit. Die Anlage wurde 1995 von Grund auf restauriert - größtenteils durch das Engagement einer privaten Initiative. Die Geschichte der Ruine Fürstenberg ist schnell erzählt: Die Angst um seine reichlich gefüllte Schatulle ergriff den Kölner Erzbischof Engelbert I. Anfang des 13. Jahrhunderts. Seine Diözese hatte Anrecht auf Rhein- und Straßenzoll. Doch es drohten Übergriffe seitens des Mainzer Erzbischofs und der Wittelsbacher Pfalzgrafen von der nahe gelegenen Burg Stahleck aus. Also ließ der Kölner Erzbischof die mächtige Wehranlage Fürstenberg auf einem dreieckigen Bergsporn über dem Gailsbachtal errichten. Die Ruine befindet sich heute in Privatbesitz und ist daher nicht zu besichtigen.

RUINEN FÜRSTENBERG - har vaknat ur törnrosasömnen

En grå borgruin förvandlas till en skönhet. Anläggningen totalrenoverades 1995 - till största delen genom privata initiativ. Det tar ingen lång stund att berätta ruinen Fürstenbergs historia: i början av 13:e århundradet var ärkebiskopen från Köln, Engelbert I., rädd om sin välfyllda schatull. Hans biskopsdöme hade rätt att häva Rhen- och vägtull. Men det fanns risk för övergrepp av ärkebiskopen från Mainz och greven Wittelsbach från borgen Stahleck, som låg alldeles i närheten. Alltså lät ärkebiskopen bygga den mäktiga försvarsanläggningen Fürstenberg på ett trekantigt bergsutsprång över Gailsbachdalen. Ruinen är idag privatägd och kan inte besiktigas.

▾ **Burgruine Fürstenberg über Rheindiebach**
Borgruinen Fürstenberg över Rheindiebach

Mittelalterliche Stadt von Reben umgeben - BACHARACH-BURG STAHLECK

Bacharach ist eine Stadt so richtig nach dem Geschmack der Romantiker und beeindruckt durch ihre malerische Lage am Eingang zum Steeger Tal, an der Mündung des Münzbaches in den Rhein. Der Weinbau bestimmt seit Jahrhunderten das Stadtbild und insbesondere auch die Landschaft um das mittelalterlich anmutende Städtchen, wenngleich das Ausmaß des Weinhandels auf internationalem Parkett an die glorreichen Zeiten der Wittelsbacher längst nicht mehr anknüpfen kann.

In Bacharach scheint die Zeit stehen geblieben zu sein. „Man glaubt, dass ein Riese, der mit Antiquitäten gehandelt, am Rhein einen Kramladen aufschlagen wollte, einen Berg als Gestell genommen und in seinem Riesengeschmack von oben bis unten einen Haufen gewältiger alter Stücke

En medeltida stad omgiven av vinberg - BACHARACH-BORG STAHLBECK

Bacharach är en romantikens stad. Den imponerar genom sitt idylliska läge i Steeger dalen, där Münzbach mynnar i floden Rhen. Sedan flera hundra år tillbaka är det vinodlingen, som präglar stadens och landskapets utseende. Den internationella vinhandeln, som hade sin höjdpunkt under Wittelsbachers tid, har dock inte längre detta omfång.

I Bacharach verkar tiden ha stått still. "Man får intrycket, att en jätte som var i antikvitetsbranschen ville öppna affär vid Rhen och använde berget som ställ för att placera alla sina stora föremål", berättade den franske författaren Victor Hugo efter en resa längs Rhen där han besökte Bacharach. Trånga gränder, gammalt korsvirke, utsprång, torn, portar, trappor och rester av murar behärskar stadens utseende. Motorfordon får till största delen endast hålla till på parke-

Blick auf Bacharach mit Wernerkapelle ▾
Utsikt över Bacharach med Wernerkapellet

ausgelegt habe," berichtete der französische Schriftsteller Victor Hugo anlässlich einer Rheinreise zu Besuch in Bacharach. Enge Gassen, altes Fachwerk, Erker, Türmchen, Tore, Treppen und Mauerreste beherrschen das Stadtbild. Motorisierte Fahrzeuge sind weitgehend auf Parkplätze außerhalb der Stadtmauer verbannt - und so lässt es sich herrlich promenieren auf gepflasterten Wegen und genüsslich einkehren in Weinstuben und alten Gasthöfen mit guter rheinischer Küche.

Vorbei an der Wernerkapelle, einem Relikt dunkler Vergangenheit zu Zeiten der Judenverfolgung im 13.Jahr-

ringsplatser utanför stadsmuren. Därmed är det en underbar känsla att promenera på kullerstensgatorna och vila upp sig i vinstugor och gamla gästgivargårdar och njuta av Rhenlandets lokala läckerheter.

Bakom Wernerkapellet, en kvarleva från judeförföljningen under det mörka 13:e århundradet, reser sig borgen Stahlbeck högt över staden. Den första gången borgen nämndes i historieböckerna var år 1135, som förläning till

▲ **Wernerkapelle**
Wernerkapellet

▼ **Burg Stahleck**

Bacharach mit Burg Stahleck und Wernerkapelle
Bacharach med Borg Stahleck och Wernerkapellet

hundert, ragt hoch über der Stadt Burg Stahleck empor. Erste urkundliche Erwähnung findet die Burg im Jahre 1135 als kölnisches Lehen. Kaiser Friedrich I. Barbarossa überließ seinem Halbbruder Konrad von Hohenstaufen später das Bollwerk, bevor es durch eine heimliche Heirat an das baye-

Köln. Kejsare Friedrich I. Barbarossa överlämnade detta bålverk till sin halvbror Konrad von Hohenstaufen, innan det senare (genom ett hemligt bröllop) övergick till släktet Wittelsbacher från Bayern. Under tronföljarkriget förstördes borgen och staden av de franska trupperna. Först i bör-

Bacharach, Altes Haus
Bacharach - gamla huset

Blick auf Bacharach und den Rhein
Utsikt över Bacharach och Rhen

rische Geschlecht der Wittelsbacher fiel. Im Pfälzischen Erbfolgekrieg wurden Burg und Stadt von französischen Truppen zerstört. Erst Anfang des 20. Jahrhunderts entstand auf den Grundmauern von Burg Stahleck die heutige Jugendherberge. Ring- und Schildmauern und auch der Bergfried wurden später wieder aufgebaut.

jan av det 20:e århundradet byggdes vandrarhemmen på borgen Stahlecks grundmurar. Ring- och sköldmurarna och även fästningstornen återuppbyggdes senare.

Bacharach, Marktplatz - ***Bacharach - torget***

Soweit das Auge reicht - WEINBERGE

Wein ist „Urgestein" der Menschheitsgeschichte und hat den homo sapiens durch die Jahrtausende begleitet. Gerade der Rhein ist prädestiniert für den Weinbau. Die Rebe liebt Sonne und Feuchtigkeit. Edle Tropfen vom Rhein waren schon immer gefragt, ergeben sie doch - in Steillagen - besonders extraktreiche und charaktervolle Weine. Klangvolle Lagen in den Weinanbaugebieten von Rheinhessen, dem Rheingau und am Mittelrhein künden von einer langen Tradition im Weinbau. Spritzige Rieslinge dominieren, Rivaner, weiße und rote Burgundersorten findet man ebenso. Die Arbeit der Winzer ist hart, die Freude über gute Erzeugnisse umso wertvoller.

VINBERG - så långt ögat räcker

Vin är ett "urberg" i mänsklighetens historia och har följt homo sapiens genom årtusendena. Rhen är som skapt för vinodling. Druvorna älskar sol och fuktighet. Ädla droppar från Rhen har alltid varit eftertraktade. De branta sluttningarna ger extraktrika och karaktärsfulla viner.

Klangfulla lägen i vinodlingsområdena i Rheinhessen, Rhengau och vid mellersta Rhen vittnar om en lång tradition. Fräscha Riesling-viner dominerar, Rivaner, vita och röda Burgundersorter finner man också. Vinodlarnas arbete är hårt och gör glädjen över lyckade produkter ännu värdefullare.

Steinernes Schiff im Rhein - DIE „PFALZ"

Für immer und ewig liegt ein „Dampfer aus Stein" auf einer Rhein-Insel vor Anker: die „Pfalzgrafenstein" - eine Befestigungsanlage bei Kaub. König Ludwig der Bayer ließ die Burg 1327 als Zollstelle errichten. Das passte den Weinschiffern der päpstlichen Klöster ganz und gar nicht, verteuerte sich doch ihr Gut beim Transport auf dem Rhein erheblich. Es gab Ärger mit Papst Johannes, der den „gierigen" Steuereintreiber aus Bayern gar mit einem Bann belegte. Noch bis 1866 diente das karg eingerichtete Bauwerk als Zollstation. Doch zuvor rückte die „Pfalz" im Winter 1813/14 in den Blick der europäischen Geschichte. Der preußische General Blücher samt Heer überquerte an dieser Stelle den Rhein, was zum Sturz Napoleons führte. Auch heute ist eine Überfahrt und Besichtigung der Pfalzgrafenstein möglich, allerdings nur bei normalem Wasserstand des Rheins.

Ett stenskepp i Rhen - "PFALZ"

För evigt ligger ett skepp av sten på en av Rhen´s öar: "Pfalzgrafenstein" - en fästning i närheten av Kaub. Kung Ludwig från Bayern byggde borgen som tullstation 1327. Detta var inte direkt populärt hos vinskepparna och i påvens kloster, då deras varor blev dyrare genom transporten på Rhen. Det blev bråk med påve Johannes, som bannlyste den "girige" skatteindrivaren från Bayern. Den enkelt inredda byggnaden behöll sin funktion som tullstation ända fram till 1866. Men innan dess tog "Pfalz" under vinter 1813/14 sitt kliv in i den europeiska historien. Den preussiske generalen Blücher och hans armé tog sig här på denna plats över floden Rhen, vilken ledde till Napoleons fall. Än idag kan man ta sig över floden här och besiktiga stenskeppet "Pfalzgrafenstein". Förutsättningen är att flodens vattenstånd håller sig på normal nivå.

Burg Pfalzgrafenstein im Rhein bei Kaub
Borg Pfalzgrafenstein i Rhen utanför Kaub

Kaub mit Burg Gutenfels
Kaub med Borg Gutenfels

Wehr- und wohnhaft - BURG GUTENFELS

Über der Rheinstadt Kaub, von terrassenförmigen Weinbergen umgeben, wacht beherrschend die Wehr- und Wohnburg „Gutenfels“. Ursprünglich im Besitz der Familie Falkenstein, wechselte sie ab 1277 mehrfach den Besitzer. Nach der erfolglosen Belagerung durch Landgraf Wilhelm von Hessen 1504, erhielt sie den Namen „Gutenfels“. Das Haus Nassau-Usingen veranlasste Anfang des 19.Jahrhunderts den Abbruch der Anlage durch Versteigerung. Für den neuerlichen Aufbau sorgte unter anderem der Kölner Gustav Walter. Heute befindet sich in der Burg eines der schönstgelegenen Schlosshotels, in dem man fürstlich nächtigen kann.

En befäst bostad - BORG GUTENFELS

Över den rhenländska staden Kaub, vakar försvars- och bostadsborgen "Gutenfels" omgiven av terrassformiga vinberg. Ursprungligen ägdes den av familjen Falkenstein, men bytte sedan 1277 ägare ett flertal gånger. Efter den fruktlösa belägringen genom landgreven Wilhelm von Hessen 1504, fick borgen namnet "Gutenfels". Huset Nassau-Usingen ombesörjde i början av 19:e århundradet rivningen av anläggningen genom att sälja den på auktion. För återuppbygganden stod bland annat Gustav Walter från Köln. Idag finns ett av de vackrast belägna slottshotellen i borgen. Här kan man övernatta på ett furstligt sätt.

Nur die Turmfalken wohnen höher: Auf der SCHÖNBURG" hoch über OBERWESEL - der Stadt der Türme und des Weines

Es knistert und knarrt in der alten Bibliothek auf der herrschaftlichen „Schönburg" bei Oberwesel. Düstere Vergangenheit blitzt auf beim Blick in den Gefängnisturm. Es ist, als streife man zum Schutz vor den ehemaligen Bewohnern dem Gemäuer wie von selbst eine eiserne Rüstung über. Lebendiges Mittelalter wo man geht und steht. Die Burg selbst wurde erstmals im 12.Jahrhundert erwähnt. Etwa zur gleichen Zeit übten die Schönburger hier das Vogtamt aus und erhoben Zoll auf dem Rhein.

Steinkugeln am Eingang zur Burg zeugen heute noch davon, was Rheinschiffern blühte, wenn sie ihrer Zollpflicht nicht nachkamen. Im Pfälzer Erbfolgekrieg steckten französische Einheiten 1689 die Stadt sowie die Burg in Brand. Zwei Jahrhunderte lang blieb sie eine der „bewundernswerten Schuttwerke Europas" (Victor Hugo). Seit 1957 ist

Endast tornfalkarna bor högre upp: "SCHÖNBURG" högt över OBERWESEL - tornens och vinets stad

Det knarrar och knastrar i det gamla biblioteket på den förnäma "Schönburg" utanför Oberwesel. Fängelsetornet vittnar om ett mörkt förflutet. Det är som om man tar på sig en rustning, för att skydda sig mot de gamla murarnas forna invånare. Levande medeltid vart än man går. Borgen själv omnämndes för första gången under 12:e århundradet. Det var ungefär då som man på Schönburg tog över fogdeämbetet och inkasserade tull på Rhen. Stenkloten framför borgens ingång vittnar om vad de skeppare som inte ville betala utsattes för. Under tronföljarkriget satte franska enheter 1689 eld på staden och borgen. Under två århundraden var den "en av Europas mest imponerande ruiner" (Victor Hugo). Sedan 1957 har en hotell-familj arrenderat borgen, som idag är en "juvel" bland de gastronomiska smycken som finns längs Rhen. Dessutom finns här Kolpingfamiljens

die Schönburg Pachtobjekt einer Hotelier-Familie und heute ein „Diamant" unter den gastronomischen Schmuckstücken am Rhein. Zudem ist dort die Internationale Jugendburg der Kolpingfamilie untergebracht. Von unten, vom Rhein aus, scheint die Schönburg fast über den Wolken zu thronen, mächtig und unbezwingbar. Von oben, über die Zinnen der Burgmauer geschaut, bietet sich eine liebliche Landschaft. Weinberge, Kirchtürme und Häuserdächer der kleinen, geruhsamen Stadt Oberwesel, deren Befestigungsmauern und Türme liebevoll restauriert noch heute größtenteils begehbar sind. Die rötlich schimmernde Liebfrauenkirche Oberwesels mit ihrem eindrucksvollen Goldaltar war 2003 Ort der UNESCO-Feierlichkeiten anlässlich der Anerkennung des Mittelrheintals zum Weltkulturerbe.

internationella ungdomsborg. Om man tittar på Schönborg nere från Rhens flodstrand, verkar det som om den svävar ovanför molnen, mäktig och ointagbar. Uppifrån, när man tittar ut över borgens murar, ser man ett ljuvligt landskap med vinberg och den lilla staden Oberwesel's kyrktorn och hustak. Oberwesel's stadsmurar och torn har restaurerats omsorgsfullt och man kan än idag gå ovanpå de flesta av murarna. Stadens rött skimrande Liebfrauenkyrka med sitt imponerande gyllene altare, var 2003 den ort där man arrangerade UNESCO-högtidligheten i samband med utnämningen av mellersta Rhendalen till världskulturarv.

Oberwesel mit Schönburg
Oberwesel med Schönburg

Kirche St. Martin
Kyrkan St. Martin

Liebfrauenkirche
Liebfrauenkyrkan

Ein nackter Fels ragt in den Rhein - die LORELEY

Nicht mehr als ein nackter Fels? Oh doch: Geradezu majestätisch stellt sich der massive Felsblock bei St. Goarshausen dem reißenden Flusslauf in den Weg. Kerzengerade ansteigend und unmittelbar am Rheinufer gelegen, zieht die Loreley weltweit Touristen an. Einmal ganz oben stehen

En kal klippa sticker ut i Rhen - LORELEY

Är det blott en kal klippa? Absolut inte! På ett nästan majestätiskt sätt, trotsar det massiva klippblocket vid St. Goarshausen den strömmande floden. Loreley står spikrakt uppåt direkt vid Rhens flodstrand och lockar turister från hela världen. Att en gång stå längst uppe och njuta av den

und das traumhaft schöne Panorama erleben ist zur Pflichtübung jedes Rheinreisenden geworden.

Im Besucherzentrum auf dem Loreleyfelsen werden Geschichte und Geschichten multimedial dargestellt. Neben einer Freilichtbühne für 15 000 Zuschauer befindet sich hier auch ein Hotel. Und wer sich auf die Suche nach der „Lore von der Ley" macht, wird gleich mehrfach fündig: Eine Statue befindet sich auf dem Bergmassiv, eine weitere, die berühmtere aus Bronze, auf einer Halbinsel am Rhein.

underbara utsikten är nästan obligatoriskt när man reser till Rhen.

På Loreleyklippan finns ett informationscentrum där man med hjälp av multimedial teknik får reda på allt om Loreleys historia. Förutom en friluftsscen för 15 000 åskådare finns här också ett hotell. Och den som ger sig ut för att leta efter "Lore von der Ley", behöver inte söka väldigt länge: En staty står uppe på klippan och en andra (som är mer känd) av brons befinner sig på en halvö vid Rhen.

Burg Katz über St. Goarshausen
Borg Katz över St. Goarshausen

Doch der Fels verdankt seine Berühmtheit nicht nur dem Ausblick, sondern vornehmlich romantischer Strömungen. Clemens Brentano und später Heinrich Heine schufen die Legende von der blond gelockten Jungfrau, die mit ihrem lieblichen Gesang so manchen unachtsamen Schiffer und seinen Kahn in den Fluten versinken ließ.

Men det är inte bara utsikten som gjort denna klippa så berömd, utan också romantiken. Clemens Brentano och senare Heinrich Heine skapade legenden om jungfrun med det lockiga blonda håret, som med sin ljuvliga sång fick många oaktsamma skeppare att sjunka med sina pråmar i floden.

Loreley

Loreleystatue - ***Loreleystatyn***

„Die Sieben Jungfrauen" - ***„De sju jungfruarna"***

Ein liebliches Miteinander - BURG KATZ - ST. GOARSHAUSEN

Steile Felshänge, schmale Ufersäume, tief eingeschnittene Täler, der breite Fluss - über alldem thront eine mächtige Burg und bestimmt das Landschaftsbild über St. Goarshausen. Burg Katz, eigentlich Neukatzenelnbogen, wurde auf dem nördlichen Vorsprung des Loreley-Massivs Ende des 14.Jahrhunderts im Auftrag von Graf Wilhelm II. von Katzenelnbogen erbaut. Nach dem Aussterben seines

Ett kärleksfullt förhållande - BORG KATZ - ST. GOARSHAUSEN

Branta klippor, smala flodstränder, djupt inskurna dalar, den breda floden - över allt detta tronar en gigantisk borg, som präglar landskapet över St. Goarshausen.

Borgen Katz, egentligen "Neukatzenelnbogen", byggdes på ett av Loreleys klipputsprång i slutet på 14:e århundradet. Uppdragsgivaren var greve Wilhelm II. von Katzenbogen. Efter det att hans släkt dött ut, togs borgen 1479 över av

Geschlechts fiel die Burganlage 1479 in den Besitz der Landgrafen von Hessen und bildete zusammen mit den Burgen Rheinfels und Reichenberg ein mächtiges Festigungswerk. Dem machten die Franzosen unter Napoleon 1806 ein Ende und Burg Katz wurde gesprengt. Knapp hundert Jahre später erfolgte der Wiederaufbau in Anlehnung an die ursprüng-

landgreven von Hessen och blev till en viktig försvarsanläggning tillsammans med borgarna Rheinfels och Reichenberg. 1806 satte Napoleon med sina fransmän stopp för detta och sprängde borgen Katz. Knappt hundra år senare följde återuppbyggnaden med originalborgen som förebild. Sedan 1989 är borgen privat egendom. Den köptes av en japansk företagare och kan inte längre besiktigas. Desto mehr gläder sig St. Goarshausen över besökare. Den f.d. fiske- och

◂ Burg Katz

St. Goar ▸

lichen Bauwerke. Seit 1989 ist die Burg im Privatbesitz eines japanischen Industriellen und nicht zu besichtigen. Umso mehr freut sich St. Goarshausen auf einen Besuch. Das ehemalige Fischer- und Winzerdorf bietet seinen Gästen nicht nur historische Kulturgüter wie die St. Martin Kirche und den runden Turm. Es zeigt ihnen auch seine „rheinische Fröhlichkeit" was zahlreiche Feste wie der Pfingstmarkt und das Winzerfest im Herbst belegen.

vinorten har mer att erbjuda än bara historiska kulturmonument, som t.ex. St. Martin kyrkan med det runda tornet. Den visar också sin "rhenländska gladlynthet" med talrika fester, som pingstmarknaden och höstens vinfest.

Burg Katz ▸

▾ Blick auf den Rhein und St. Goar
Utsikt över Rhen och St. Goar

556
KRANER

St. Goar mit Burg Rheinfels
St. Goar med Borg Rheinfels

Wirkungsstätte des heiligen Goar - ST. GOAR

Die lebendige, von Touristen rund um das Jahr viel besuchte Stadt St. Goar erhielt ihren Namen nach einem Mönch aus Aquitanien in Frankreich. Mit der Priesterweihe versehen, ließ er sich dazu im 6. Jahrhundert in der Nähe einer Siedlung am Rhein nieder - dem heutigen St. Goar. Heute Schutzpatron der Gastwirte und Töpfer, leitete er damals ortskundig Schiffer durch die Fluten des Rheines, half Kranken und Bedürftigen und beköstigte die Durchreisenden. Das Ortsbild wird wesentlich geprägt durch die Stiftskirche mit romanischer Krypta erbaut auf den Resten der ehemaligen Goarkapelle.

Här verkade den helige Goar - ST. GOAR

Den livliga staden St. Goar, som besöks av turister året runt, fick sitt namn av en munk från Akvitanien i Frankrike. Efter prästvigningen under 6:e århundradet slog han sig ned i närheten av kolonin vid floden Rhen - det nutida St. Goar. Idag är han krögarnas och krukmakarnas skyddshelgon, medan han på den tiden ledde skeppare genom Rhens vatten, hjälpte sjuka och behövande och försåg resenärer med mat och dryck. Orten präglas av stiftskyrkan med den romanska kryptan som byggts på resterna av det före detta Goarkapellet.

Umfangreichste Burgruine am Rhein - BURG RHEINFELS

Und wieder haben die Grafen von Katzenelnbogen ihre Hände im Spiel: Graf Diether V. veranlasste im Jahr 1245 den Bau der Höhenburg Rheinfels, die durch ein ausgeprägtes Hofleben das kulturelle Leben am Mittelrhein wesentlich mitbestimmte. Und auch nach der besitzergreifenden Übernahme durch die Landgrafen von Hessen sollte sich daran lange Zeit nichts ändern. Als eine der größten Festungsanlagen am Rhein fiel Burg Rheinfels im 18.Jahrhundert an die Franzosen. Nachdem der Bergfried und das Schloss gesprengt waren, diente sie ab 1818 als Steinbruch für den Wiederaufbau des Ehrenbreitstein.

Kronprinz Wilhelm von Preußen, der spätere Kaiser Wilhelm I., kaufte 1843 die Ruine über der Stadt St. Goar. Zum Wiederaufbau der Burg Rheinfels fehlten ihm wohl Zeit und Muße wie auch das nötige Kleingeld. So verblieb die Festungsanlage weitgehend in zerstörtem Zustand - vereinzelte, liebevoll restaurierte Bauwerke wie das Salz-

Rhens mest omfångsrika borgruin - BORG RHEINFELS

Och ännu en gång är grevarna von Katzenelnbogen med i leken: greve Diether V. byggde år 1245 borgen Rheinfels, som genom sitt utpräglade hovliv var med om att dominera mellersta Rhens kulturliv. Även efter det att landgreven von Hessen tog egendomen i besittning ändrades ingenting. Borgen Rheinfels, som var en av de största fästningarna längs floden Rhen, övertogs av fransmännen under 18:e århundradet. Sedan fästningstornen och slottet sprängts, användes den från och med 1818 som stenbrott för återuppbyggnaden av Ehrenbreitstein.

Kronprins Wilhelm von Preußen, som senare blev Kejsare Wilhelm I., köpte 1843 ruinen ovanför staden St. Goar. Tydligen hade han för lite tid och pengar, för att återuppbygga borgen Rheinfels. Därmed blev fästningsanläggningen en ruin, med ett fåtal undantag, som t.ex. det omsorgsfullt restaurerade fängelset vid ingången. Idag är det staden St. Goar och framförallt Hansaordens medlemmar, som på ett

Blick auf St. Goarshausen mit Burg Katz ▾
Utsikt över St. Goarshausen med Borg Katz

▼ **Blick auf St. Goar und Burg Rheinfels**
Utsikt över St. Goarshausen och Borg Rheinfels

Burg Rheinfels über St. Goar
Borg Rheinfels över St. Goar

Burg Rheinfels über St. Goar
Borg Rheinfels över St. Goar

und Stockhaus am Eingang ausgenommen. Um die Erhaltung der Anlage bemühen sich heute die Stadtväter von St. Goar, insbesondere die Vereinsmitglieder des Hansenordens, in vorbildlicher Weise. Hotel-Restaurant, ein riesiger Felsenkeller, weiträumige unterirdische Gänge, Ausstellungsräume mit zahlreichen Exponaten und Ausgrabungen sowie die alte Rheinfelsapotheke laden zu einem eindrucksvollen Besuch ein.

förebildligt sätt försöker bevara och vårda denna anläggning. Hotell, restaurang, bergskällare, vidsträckta underjordiska gångar, utställningsrum med talrika utställningsföremål och utgrävningar samt det gamla Rheinfelsapoteket lockar på ett imponerande sätt besökare.

Wo die Falken wohnen - BURG MAUS

Burg Maus, über dem kleinen Örtchen Wellmich gelegen, hat viele Namen, wie zum Beispiel Deuernburg oder Thurnberg. Vom Trierer Erzbischof mit kaiserlicher Genehmigung Mitte des 14. Jahrhunderts erbaut, hieß sie zunächst Peterseck. Sie diente zum Schutz des erworbenen Besitzes und gegen die auf Burg Katz regierenden Grafen von Katzenelnbogen. Diese gaben der Burg den Spottnamen Maus, weil sie um einiges kleiner war als die eigene. Burg Maus endete 1806 als Ruine, weil Erhaltungsarbeiten ausblieben und mehrere Kriege ihre Beschädigungen hinterlassen hatten. Zwischen 1900 und 1978 wurden diese Mängel jedoch weitgehend beseitigt. Neben wertvollen Möbeln und Sammlungen beherbergt die Burg heute einen Adler- und Falkenhof.

Där falkarna bor - BORG MAUS

Borgen Maus, som ligger ovanför den lilla orten Wellmich, har många namn t.ex. Deuernburg eller Thurnberg. Ärkebiskopen i Trier byggde den i mitten av det 14:e århundradet med tillstånd av kejsaren. Då hette den Peterseck. Den användes som skydd för den köpta egendomen och mot greve Katzenelnbogen, som regerade på borgen Katz. Denna gav den smeknamnet mus, för att den var rätt mycket mindre än den egna borgen. Borgen Maus slutade som ruin 1806, för att ingen brytt sig om att sköta den och ett flertal krig orsakat svåra skador. Mellan 1900 och 1978 åtgärdade man dessa fel. Förutom värdefulla möbler och samlingar, finns idag en gård med örnar och falkar på borgen.

◂ **Streitmauer**
Stridsmuren

„DIE FEINDLICHEN BRÜDER" - Burgen Sterrenberg und Liebenstein

Eine Sage, die die Romantiker des 19. Jahrhunderts immer wieder bewegte: Zwei Brüder, die sich auf den beiden Burgen über dem Ort Kamp-Bornhofen so heftig bekriegten, dass sie eine Streitmauer errichteten und fortan getrennte Wege gingen. Sterrenberg als Reichsburg erbaut, fiel um 1190 als Lehen an die Herren von Bolanden. Nachdem die Anlage im 14. Jahrhundert von den Trierer Kurfürsten erworben wurde, wichen die Bolandener auf die südlich gelegene Trutzburg Liebenstein aus. Zu dieser Zeit wurde auch die heute noch gut erhaltene Streitmauer gebaut. Liebenstein wurde zwischen 1284 und 1290 von Albrecht von Lewenstein zum Schutz gegen die streitbare Familie errichtet. Beide Burgen, wieder restauriert, laden zu zahlreichen Aktivitäten im Rahmen einer Rheinreise ein.

"DE FIENTLIGA BRÖDERNA" - borgarna Sterrenberg och Liebenstein

En saga som om och om igen berörde 19:e århundradets romantiker: två bröder, som bodde i var sin borg ovanför orten Kamp-Bornhofen, hatade varandra så mycket, att de byggde en mur mellan sig.

Sterrenberg byggdes som en riksborg och togs 1190 över av herrarna von Bolanden. Sedan anläggningen köpts av kurfursten från Trier under 14:e århundradet, drog släkten von Bolanden sig tillbaka till fästningen Liebenstein. Det var då som den väl bevarade muren byggdes.

Liebenstein byggdes mellan 1284 och 1290 av Albrecht von Lewenstein och var tänkt som skydd mot den stridbara familjen.

Båda borgarna har restaurerats och har talrika arrangemang att njuda på.

Die feindlichen Brüder über Kamp-Bornhofen
De fientliga bröderna från Kamp-Bornhofen

Wallfahrtskirche und Franziskanerkloster
KAMP-BORNHOFEN

Als Camp im 9.Jahrhundert und Burginhoven im 11. Jahrhundert wurden die beiden eng verbundenen Siedlungsplätze bereits urkundlich erwähnt. Seit 1948 trägt die Stadt ihren heutigen Namen. Geprägt wird das Ortsbild durch das monumentale Marien-Wallfahrtskloster Bornhofen. Amtmann und Ritter Johann Brömser von Rüdesheim veranlasste den Kirchenbau, der im Jahre 1435 geweiht werden konnte. Zunächst von Kapuzinern bewohnt, ist seit 1890 der Franziskanerorden mit der Wallfahrt betraut. Kamp-Bornhofen, ehemals traditionsreiche Flösser- und Schiffergemeinde, verfügt über einen reichen historischen Hausbestand in Form alter Guts- und Adelshöfe sowie erhaltene Fachwerkbauten aus der Zeit vom 13. bis zum 19. Jahrhundert.

Vallfärdskyrka och franciskanerkloster
KAMP-BORNHOFEN

De två nära förknippade bosättningsplatserna Camp och Burginhoven omnämndes i historieböckerna redan på 9:e resp. 11:e århundradet. Sedan 1948 har staden sitt nuvarande namn. Orten präglas av det monumentala Maria-vallfärdsklostret Bornhofen. Tjänstemannen och riddaren Johann Brömser von Rüdesheim lät bygga kyrkan, som invigdes år 1435. Till en början var det kapucinermunkarna som gjorde sig hemmastadda här. Sedan 1890 är det franciskanerorden som har hand om vallfärden. I Kamp-Bornhofen, som en gång var en rik kommun som levde på inlandssjöfart, finns många historiska byggnader - gods, adelsgårdar samt välbevarade korsvirkeshus från 13:e till 19:e århundradet.

Ruine Sterrenberg

Ruine Liebenstein

Die „Perle" am Mittelrhein - BOPPARD

Glänzend kommt die rund 17000 Einwohner „reiche" Stadt Boppard in vielerlei Hinsicht daher. Wie an einer Perlenschnur reihen sich historische Sehenswürdigkeiten aneinander. Von den Einwohnern liebevoll „aufpoliert", ragt am zentralen Marktplatz die spätromanische Pfarrkirche St. Severus in die Höhe. Dort kann der Besucher ein 1500 Jahre altes frühchristliches Taufbecken bestaunen.

„Pärlan" vid mellersta Rhein - BOPPARD

De cirka 17 000 invånarna i staden Boppard klarar sig - på många sätt och vis - med "glans". Precis som ett pärlhalsband radar de historiska sevärdheterna upp sig. På torget reser sig den omsorgsfullt "polerade" senromanska huvudkyrkan St. Severus mot skyn.

Kastell Bodobrica

Rheinansicht - *Vy över Rhen*

St. Severus Kirche - *St. Severus kyrkan*

Nicht weit davon entfernt wurde ein spätrömisches Kastell ausgegraben und zu großen Teilen wieder aufgebaut. Die Befestigungsanlagen gehören zu den best-erhaltenen Relikten der ehemals römischen Besatzer. Aus dem Mittelalter stammen der Königshof, in dem heute ein Weingut seinen Stammsitz hat, mehrere Klöster und die „Alte Burg" mit ihrem wehrhaften Bergfried. In dieser ehe-

Där kan besökare bland annat beundra ett dopkärl som är 1 500 år gammalt.

Inte långt därifrån har ett senromerskt kastell grävts upp och till stor del återuppbyggts. Försvarsanläggningarna hör till de bäst bevarade romerska kvarlevorna. Königshof, idag ett vingods, härstammar från medeltiden. Det samma gäller för ett flertal kloster och "gamla borgen", med sitt fäst-

Boppard, Rheinpanorama
Boppard - floden Rhen

◂ **Vierseenblick**
Utsikt över Vierseen

ningstorn. I denna f.d. tullborg som tillhörde kurfursten från Trier, hittar man en stor samling av möbler gjorda av boktimmer. Uppfinnaren, Michael Thonet, var född i Boppard.

Direkt vid en av Rhens största svängar ligger vinbergen - precis som i en amfiteater - som lämnar råvaran till Boppard Hamm, ett förstklassigt vin som årligen lockar tusentals besökare till stadens vinfest.

maligen Zollburg der Trierer Kurfürsten findet man unter anderem die größte Sammlung von Bugholzmöbeln. Deren Erfinder, Michael Thonet, war ein Sohn der Stadt Boppard.

An der größten Rheinschleife gelegen, wächst in den Steillagen des Bopparder Hamms - wie in einem Amphitheater - ein vorzüglicher Wein, der Jahr für Jahr tausende Besucher an den Weinfesttagen in den Ort lockt.

▾ **Grosse Rheinschleife bei Boppard**
Stora Rhenslingan utanför Boppard

▾ **Boppard**

Boppard

Nicht zuletzt lädt die mehrere Kilometer lange Rheinpromenade zum Bummeln und Verweilen ein. Hier werfen die Schiffe der „weißen Flotte" ihre Anker und schippern in der warmen Jahreszeit gemütlich mit ihren Gästen durch das romantische Tal.

Sist men inte minst lockar den kilometerlånga Rhenpromenaden. Här lägger "vita flottans" skepp till för att sedan - på den varma årstiden - "segla" med sina gäster genom den romantiska dalen.

Boppard

Sitz der Deutschen Burgenvereinigung - MARKSBURG

Die Herren von Braubach gründeten aller Wahrscheinlichkeit nach die wehrhafte Marksburg Anfang des 12. Jahrhunderts. Auf einem steilen Bergkegel gelegen, ist die Marksburg die einzige unzerstört gebliebene Höhenburg am Mittelrhein. Die Ortschaft Braubach, in früheren Zeiten auch durch einen florierenden Weinhandel bekannt und bis heute mit gut erhaltenen Fachwerkhäusern gesegnet, liegt ihr quasi zu Füßen. Auf der Marksburg residierten einst die Herren von Eppstein, nach ihnen die Grafen von Katzenelnbogen, bis die Hessen und später die Nassauer einzogen. Es folgten im Jahre 1866 die Preußen. Wie die Besitzer, so wechselte auch ihre Nutzung im Laufe der Jahrhunderte mehrmals.

Als Wohnburg und Festung eher von stolzem Dasein, diente die Anlage auch als Gefängnis und Invalidenheim. Seit 1931 hat die Deutsche Burgenvereinigung ihren Sitz auf der Marksburg. Wer den beschwerlichen Weg zur Burg hinauf nicht zu Fuß oder mit dem eigenen PKW bewältigen

Tyska borgföreningens huvudkvarter - MARKSBURG

Det var herrarna Braubach, som förmodligen grundade fästningen Marksburg på slutet av det 12:e århundradet. Marksburg ligger uppe på ett brant berg och är den ende högt liggande borgen vid mellersta Rhen som inte förstörts. Orten Braubach, som en gång i tiden varit känd för en blomstrande vinhandel, ligger med sina välbevarade korsvirkeshus precis nedanför borgen. Uppe på Marksburg bodde först herrarna von Eppstein, därefter grevarna von Katzenelnbogen och till slut släktet Hessen följda av Nassaurs. 1866 tog Preussen över. Men det var inte bara ägarna som bytte under årens lopp utan också användandet. Ibland var borgen bara till för bostadsändamål och ibland var den fästning, fängelse eller hem för invalider. Den tyska borgföreningen har haft sitt huvudkvarter på Marksburg sedan 1931. Den som inte vill ta på sig den besvärliga vägen upp till borgen till fots eller med den egna bilen, åker med "Marksburg Express" och kan då i lugn och ro njuta av utsikten. Ett besök på borgen är som en tidsresa genom medel-

Marksburg

Marksburg · Rittersaal - *Marksburg - riddarsalen*

möchte, nimmt den „Marksburg Express" und lässt sich auf dem Weg hinauf schon mal einstimmen auf die herrschaftlichen Gemäuer.

tiden. Särskilt imponerande är ryttartrappan (på vilken man når borgens inre), som huggts in i klippan.

Praktfulla rustningar, sköldar, vapen av olika slag, tortyrr-

Marksburg · Burgküche - *Marksburg - borgköket*

Marksburg · Kemenate - *Marksburg - borggemak*

Ein Besuch der Burg ist wie eine Zeitreise durch das Mittelalter. Besonders bemerkenswert ist eine in den Fels gehauene Reitertreppe, die ins Burginnere führt.

Prachtvolle Harnische, Waffen aller Art, Rüstungen, Folterwerkzeuge und stilvolle Möbel sind in den Wohnräumen ausgestellt. Ob Kemenate, Rittersaal, Kapelle, oder alte Schmiede - alles wirkt real, sehr lebendig und gerade so, als seien die mittelalterlichen Herren noch immer zugegen. Die alte Burgküche kann für ein herzhaftes Rittermahl gebucht werden. Für den kleinen Hunger ist die Burgschänke in einem eigens errichteten Haus stilgerecht untergebracht und hat für die Fülle der Besucher ausgiebig Raum.

redskap och stilfulla möbler har ställts ut i boningsrummen. Borggemak, riddarsal, kapell eller den gamla smedjan - allt verkar realistiskt, mycket levande och precis som om tiden stått still. Det gamla borgköket kan reserveras för en näringsrik riddarmåltid. För den lilla aptiten står borgkrogen, som har funnit sin stilfulla plats i ett eget litet hus, till förfogande.

Marksburg · Batteriehof - ***Marksburg - Batteriehof***

Wehrhaft romantisch - LAHNSTEIN - BURG LAHNECK

Dort wo die Lahn in den Rhein fließt, trennt sie die beiden Ortsteile Nieder- und Oberlahnstein. In früheren Zeiten galt es als vorrangig, Bürger und Stadt durch entsprechende Stadtbefestigungen abzusichern. Das Schloss Martinsburg, mit starkem sechseckigem Bergfried als Bestandteil dieser Wehranlagen, wurde im 13. Jahrhundert direkt am Rheinufer von Oberlahnstein erbaut und beheimatet das Fastnachtsmuseum. Im Hexenturm findet sich die Geschichte der beiden Stadtteile. Besondere Berühmtheit

◂ Martinsburg

Befäst och romantisk - LAHNSTEIN - BORG LAHNECK

Där floden Lahn flyter in i Rhen, skiljer den ortsdelarna Nieder- och Oberlahnstein. Förr hade försvaret allra högsta prioritet. Det gällde att skydda staden och dess invånare med de rätta försvarsanläggningarna. Slottet Martinsburg med sitt sexkantiga fästningstorn, byggdes under 13:e århundradet direkt vid Rhens flodstrand i Oberlahnstein. Idag finns här fastlagsmuseet. I häxtornet hittar man de båda stadsdelarnas historia. Särskilt känt är värdshuset

Burg Lahneck · Rittersaal
Borg Lahneck - riddarsalen

erlangte das Wirtshaus an der Lahn. In diesem dreigeschossigen Fachwerkbau nahm Goethe 1774 sein Mittagsmahl ein. Mehr historische Kulturgüter finden sich im Salhof, dem Johanniskloster und der Allerheiligenbergkapelle.

Über der Stadt wacht Burg Lahneck, ein bedeutendes Zeugnis romantischer Strömung, die schon Geheimrat Goethe zu seinem Gedicht „Geistesgruß" anregte. Der Mainzer Erzbischof Siegfried III. ließ die Burganlage zum Schutze der Mainzer Besitzungen im 13. Jahrhundert erbauen. Im Dreißigjährigen Krieg und

vid floden Lahn. I detta trevåningshus åt Goethe middag 1774. Andra kulturhistoriska föremål hittar man i Salhof, Johannisklostret och i Allerheiligenbergkapelle.

Över staden vakar borgen Lahneck, ett bevis på den romantiska andan, som redan inspirerade geheimerådet Goethe till att skriva dikten "Geistesgruß". Ärkebiskopen från Mainz, Siegfried III., byggde borgen under 13:e århundradet för att skydda Mainz egendomar. Under trettioåriga kriget och tronföljarkriget förstördes den ett antal gånger.

Burg Lahneck

Burg Lahneck · Kapelle - ***Borg Lahneck - kapellet***

im Pfälzischen Erbfolgekrieg mehrfach zerstört, feierte sie durch den englischen Eisenbahnunternehmer Edward Moriarty durch Neuaufbau im neugotischen Stil ihre Wiedergeburt. Burg Lahneck, bewohnt aber auch zu besichtigen, verfügt über eine reiche Ausstattung, darunter wertvolle Scheibengläser, Tafelgemälde, barockes Mobiliar und seltene Keramik aus Lothringen, Delft, Berlin und Meißen.

Den återuppbyggdes i neogotisk stil av den engelske järnvägsföretagaren Edward Moriarty. Borgen Lahneck är bebodd, men kan ändå besiktigas. Här finns en dyrbar utrustning, bland annat värdefulla glas, konstverk, möbler i barockstil och sällsynt keramik från Lothringen, Delft, Berlin och Meissen.

Die pure Lust auf Luxus - SCHLOSS STOLZENFELS

Majestätisch und erhaben macht eine ehemalige Grenzfeste ihrem Namen alle Ehre: Stolzenfels, eines der schönsten Schlösser in Deutschland, ragt mit seinen ockerfarbenen Mauern aus dem satten Grün der Wälder hervor und bietet weithin einen grandiosen Anblick. Arnold von Isenburg, Erzbischof von Trier, gründete die Burganlage als Grenz- und Zollstation Mitte des 13. Jahrhunderts. Im Pfälzischen Erbfolgekrieg schwer zerstört, hatte die militärische Verwendung Ende des 17. Jahrhunderts ein Ende. Ab

Längtan efter lyx - SLOTT STOLZENFELS

Majestätisk och storslagen gör den före detta gränsfästningen rätt för sitt namn: Stolzenfels, ett av Tysklands vackraste slott, reser sig ur de saftigt gröna skogarna och gör ett grandiost intryck med sina ockrafärgade murar. Arnold von Isenburg, ärkebiskop från Trier, grundade borgan-

Schloss Stolzenfels · Kapelle ▸
Slott Stolzenfels - kapellet

Schloss Stolzenfels-Wohnzimmer der Königin/*Slott Stolzenfels-drottningens vardagsrum*

Schloss Stolzenfels · Rittersaal
Slott Stolzenfels - riddarsalen

1823 jedoch sollten die Ruinen Stück für Stück ihren neuen Glanz erhalten. Die „schlauen" Koblenzer Bürger schenkten dem preußischen Kronprinzen und späteren König Friedrich Wilhelm IV. die verfallene Anlage. Nicht ohne Hintergedanken, hätte doch das Stadtsäckel der Rhein-Mosel-Stadt den immensen Kosten der Renovierung von Stolzenfels kaum standhalten können.

Nach den Plänen des bekannten Berliner Architekten Karl Friedrich Schinkel entstand so, unter Einbeziehung des

läggningen som gräns- och tullstation i mitten på det 13:e århundradet. Det förstördes under tronföljarkriget och i slutet på det 17:e århundradet var det också slut med slottets användning för militära ändamål. Från och med 1823 skulle ruinen steg för steg få tillbaka sin forna glans. Koblenz "sluga" invånare gav bort den förfallna anläggningen till den preussiske kronprinsen Friedrich Wilhelm IV, som sedan skulle bli kung. Naturligtvis hade man en liten baktanke, ty

Schloss Stolzenfels - Schlafgemach
Slott Stolzenfels - sovgemak

mittelalterlichen Bergfrieds, aus einer Burgruine eine neugotische Sommerresidenz. In altdeutschen Gewändern wurde 1842 die Burg mit Fackelzug und Feuerwerk feierlich eingeweiht. Glanz und Gloria dieser vergangenen Epochen sind bis heute auf Schloss Stolzenfels lebendig geblieben, denn die Einrichtung der königlichen Wohnräume ist größtenteils noch in ihrem Ursprung erhalten.

Der Sammelleidenschaft König Friedrich Wilhelm IV. ist es zu verdanken, das Waffen, Möbel, Rüstungen und alte Bilder in so zahlreicher Vielfalt zu besichtigen sind. Die bemalten Innenräume der neugotischen Schlosskapelle und des kleinen Rittersaals gehören zu den herausragendsten Teilen der rheinischen Hochromantik. Das südländisch anmutende Flair des Pergolagartens und der angelegten Terrassen bilden den romantischen Hintergrund für Trauungen und Schlosskonzerte.

Mit Schloss Stolzenfels verwirklichte Friedrich Wilhelm IV. seinen Gedanken von preußischer Kulturpolitik am Rhein und seine Begeisterung für die Rheinromantik.

den lilla Rhen-Mosel-stadens kassa räckte inte på långt när för att betala kostnaderna för renoveringen av Stolzenfels. Efter den berömde arkitekten Karl Friedrich Schinkels planer förvandlades den medeltida borgen till en neogotisk sommarresidens. 1842 invigdes borgen med ett fackeltåg i forntyska dräkter och ett fyrverkeri. Det förflutnas glans hålls än idag vid liv på slott Stolzenfels, ty inredningen i de kungliga gemaken har bevarats i originalskick. Lyckligtvis var kung Friedrich Wilhelm IV en passionerad samlare och därför kan man än idag beundra de talrika vapnen, möblerna, rustningarna och gamla tavlorna. De konstnärligt gestaltade rummen i slottskapellet och den lilla riddarsalen hör till de främsta delarna av den rhenländska högromantiken. Den sydländska atmosfären i trädgården med pergolor och terrasser används ofta som kuliss för bröllop och slottskonserter.

Med slottet Stolzenfels förverkligade Friedrich Wilhelm IV sina föreställningar av preussisk kulturpolitik vid Rhen och sin egen begeistring för romantiken.

Schloss Stolzenfels · Gemälde - ***Slott Stolzenfels - tavlor***

Wo „Vater" Rhein und „Tochter" Mosel sich treffen - KOBLENZ

Koblenz sollte man sich vom Wasser aus nähern. Und dazu hat man hier gleich zwei Möglichkeiten. Der ehrwürdige Vater Rhein und seine hübsche Tochter Mosel bilden an ihrem Zusammenfluss das wohl bekannteste Eck Deutschlands - eben das „Deutsche Eck". Wie ein Schiffsbug ragt die imposante Anlage hinaus in die Fluten, scheint eine Reling und einen Steuermann zu haben. Nicht immer war die Kommandobrücke dieses Monuments besetzt. Kaiser Wilhelm I. war seit 1897 der eiserne Kapitän des Deutschen Ecks und demonstrierte die preußische Macht und Wacht am Rhein.

Där „fader" Rhen möter „dottern" Mosel - KOBLENZ

Om man åker till Koblenz bör man välja vattenvägen. Två möjligheter står till förfogande. Den ärevördiga floden Rhen och den vackra dottern Mosel stöter på varandra på Tysklands mest kända hörn - nämligen "Deutsches Eck". Precis som fören på en båt sticker den imponerande anläggningen ut i vattnet. Det verkar som om den har både reling och styrman. Detta monuments kommandobrygga har inte alltid varit bemannad. Kejsare Wilhelm I. var sedan 1897 den hårdföre kaptenen och visade sin preussiska makt och höll sitt vakande öga på Rhen. Under andra världskrigets sista dagar förstördes

Reiterdenkmal Kaiser Wilhelm I. ▾
Ryttarstaty kejsare Wilhelm I.

Koblenz, Deutsches Eck

In den letzten Kriegstagen des 2. Weltkriegs traf ein gezielter Artilleriebeschuss das große Reiterstandbild und aus war es mit der Herrlichkeit des nicht unumstrittenen Regenten. Über 40 Jahre zierte die deutsche Flagge den Ort als Mahnmal der deutschen Einheit, doch seit 1993 ist der „Kapitän" zurückgekehrt und auf den Wellen des Rheins herangebracht. Private Spenden machten es möglich und nun schaut der Kaiser wieder hoch vom Ross hinab, auf Schleppkähne und Ausflugsschiffe und nicht zuletzt auf seine Festung Ehrenbreitstein. Manche nennen es gar das rheinische Gibraltar und ganz so abwegig scheint der Vergleich nicht, lässt man den Felsen mit den mächtigen Wehranlagen auf sich wirken.

Schon über 1000 Jahre steht die Festung Ehrenbreitstein

den stora ryttarstatyn under en målinriktad artilleribeskjutning och därmed var det slut med den icke helt obestridlige regenten. I över 40 år prydde sedan den tyska flaggan denna ort, som minnesmärke för den tyska enheten. 1993 återvände "kaptenen" för att precis som förr vaka över Rhen. Privata gåvor gjorde detta möjligt och nu sitter kejsaren åter på sin häst och tittar på pråmar och färjor och naturligtvis på sin fästning Ehrenbreitstein. En del människor har gett fästningen namnet det rhenländska Gibraltar och de ligger inte helt fel om man noggrant betraktar klippan med den gigantiska fästningen.

Fästningen Ehrenbreitstein vakar över Rhen sedan mer än 1000 år tillbaka. 1799 fick den kapitulera inför fransmännen. Det var Preussen som gav fästningen sin nutida impone-

Festung Ehrenbreitstein ▲
Fästningen Ehrenbreitstein

◂ **Festung Ehrenbreitstein**
Fästningen Ehrenbreitstein

wehrhaft über dem Rhein. Den Franzosen musste sie sich einst 1799 ergeben. Doch erst die Preußen verliehen der Festungsanlage ihre eindrucksvolle Endfassung. Heute kommen Besucher aus aller Herren Länder hinauf, wohnen in der Jugendherberge, besuchen das Landesmuseum oder staunen einfach über das steinerne Labyrinth aus Gängen und Gräben, Wällen und Verteidigungsbollwerken. Wie ein

rande gelstalt. Idag kommer besökare från alla världens hörn hit för att bo i vandrarhemmet, besöka landsmuseet eller helt enkelt för att häpet beundra denna stenkoloss med sina labyrinter av gångar och skyttegravar, vallar och bålverk. Det känns nästan som en befrielse när man sedan

Dikasterialgebäude ▴
„Dikasterial-byggnaden"

Alte Burg
Gamla borgen

Befreiungsschlag wirkt dann der Tritt aus den engen Kasematten hinaus auf den großen Platz, von dessen Brüstung aus sich Koblenz wie ein Schauspiel aus der ersten Reihe erleben lässt.

Mosel und Rhein umarmen die Altstadt, die in der Nähe zum Deutschen Eck beginnt. Hier ist der „Schängel" zu Hause, ein frecher, etwas übermütiger aber letztendlich

kommer ut ur de trånga kasematterna och står på den stora platsen. Från bröstvärnet kan man uppleva Koblenz som på en teaterföreställning.

Mosel och Rhen omfamnar den gamla staden, som börjar i närheten av "Deutsches Eck". Här är "Schlängel" hemma, en något övermodig men ändå älskvärd

Balduinbrücke
Balduinbron

Am Plan

Münzplatz

doch liebenswerter „Kowelenzer Lausbub", der gerne am Schängelbrunnen unweit des schönen Jesuitenplatzes die ahnungslosen Betrachter mit ein paar Wasserspritzern neckt. Solch kleiner Schabernack gehört eben mit zur rheinischen Frohnatur, der sich die Koblenzer natürlich als waschechte Rheinländer verpflichtet fühlen. Vielleicht beruht ihre gastlich-offene Mentalität auch darauf, dass die Rhein-Mosel-Stadt zu allen Zeiten immer gern gewählter Aufenthaltsort verschiedener Völker und Herrscher war. Römer und Franken, Franzosen und Preußen haben die Stadt regiert und von Merowingerkönigen und Habsburgerkaisern über den großen Franzosen Napoleon bis hin zum Deutschen Kaiser waren sie alle hier, sogar die Russen, die vor der romanischen St. Kastorkirche

"Kowelenzer Lausbub" (Busunge från Koblenz), som befinner sig vid Schlängelbrunnen, som i sin tur ligger i närheten av det vackra Jesuitentorget. Här stänker han gärna vatten på de aningslösa besökarna. Sådana spratt passar till den rhenländska mentaliteten och det är ju precis vad folket i Koblenz är - tvättäkta rhenländare. Deras gästvänliga sätt kanske också till en del beror på att denna Rhen-Mosel-stad alltid varit en omtyckt ort bland olika folkslag och härskare. Romare och franker, fransmän och preussare har regerat staden och en massa storheter har varit här - Merovinger-kungarna och kejsarsläktet Habsburg, den store Napoleon och den tyske kejsaren. Till och med ryssarna har varit på plats och gett ett humoristiskt svar på fransmännens slut i Koblenz - "besiktigad och godkänd" står det mejslat på en sten i brunnen framför St. Kastorkyrkan.

Intressanta och besynnerliga saker finns även på andra ställen. En av stadens vackraste platser är Florinstorget med det gotiska "Kauf- och Danzhaus", den gamla domstolen och Florinskyrkan. Den som kastar en blick

◂ **Balduindenkmal**
Balduinmonumentet

eine humorvolle Antwort, „Gesehen und genehmigt" auf das Ende der Franzosen in Koblenz in einen Brunnenstein gemeißelt haben.

Interessantes und Kurioses begegnet dem Besucher aber auch an anderer Stelle. Zu den schönsten Plätzen der Stadt gehört der Florinsmarkt mit dem gotischen Kauf- und Danzhaus, dem alten Schöffenhaus und der Florinskirche. Ein genauer Blick hinauf zum Uhrturm des alten Kaufhauses wird überraschen. Der „Augenroller" erinnert der Sage nach an

upp på det gamla varuhusets klocktorn, kommer att bli förvånad. Den berömda "Augenroller" ("ögonrullaren") påminner enligt legenden om rovriddaren (avrättad 1536), som varje timme fräckt sträcker ut sin tunga!

Förbi den gamla borgen, som varit ärkebiskopen från Triers kvarter i Koblenz, styrs blicken på Balduinbron, en stenbrygga som sedan 700 år tillbaka förbinder Mosels flodstränder. Genom de idylliska mjöl- och grönsaksgränderna närmar man sig stadens gamla "original".

Görresplatz mit Historiensäule
Görresplatz med historiens pelare

Ludwig Museum
Ludwig museet

Kurfürstliches Schloss
Kurfurstliga slottet

einen 1536 hingerichteten Raubritter, der zur vollen Stunde sogar frech seine Zunge zeigt!

Vorbei an der alten Burg, dem frühen Sitz des Trierer Erzbischof in Koblenz, führt der Blick auf die steinerne Balduinbrücke, die seit mehr als 700 Jahren die Mosel überspannt. Durch die idyllische Mehl- oder Gemüsegasse kommt man den alten „Kowelenzer Originalen" näher. In Bronze begleiten „Marktfrau", „Gendarm", „Pfefferminzje" oder „dä Gummi" den Besucher durch die Altstadt, die in lauen Sommerabenden südländisches Flair verbreitet. Da reihen sich Straßencafés an italienische Eissalons und mit einem Latte Macchiato in der Hand kann man am Görresplatz den großen Brunnen der Stadtgeschichte sprudeln sehen. 2 000 Jahre sind hier in bronzenen Bildern auf die Historiensäule gebannt, die die schönen wie die schweren Tage der Stadt widerspiegeln. Aber es wäre nicht der zuversichtliche, letztendlich positiv denkende Rheinländer, der auch hier in Koblenz versucht hat, das Beste aus seinem Leben zu machen. Und es ist ihm gelungen - das erkennt jeder, der hinter der verschmitzten Maske des Schängels die lebenswerte Rhein-Moselstadt erleben kann.

Gjutna i brons följer "torgfrun", "polisen", "pepparmyntan" eller "gummit" besökaren genom den gamla staden, som på ljumma sommarkvällar bjuder på sydländsk atmosfär. Gatukaféerna och glassbarerna ligger tätt och med en god glass i handen, kan man på Görrestorget se stadens historiska brunn porla. 2 000 års stadshistoria från goda och dåliga tider finns här inmejslade i brons på den historiska pelaren. Men det är den positive och optimistiske rhenländaren, som även här i Koblenz alltid försökt göra det bästa av sitt liv. Och han har lyckats - det märker alla som kan uppleva den älskvärda Rhen-Moselstaden bakom "Schängels" skälmaktiga mask.

Altes Kaufhaus (Mittelrhein Museum) ▾
Gamla varuhuset (Mellersta Rhen museet)

St. Kastor Kirche ▸
St. Kastor kyrkan

Fürstliches Landidyll - BENDORF - SCHLOSS SAYN

Bendorf am Rhein ist wahrscheinlich schon seit der römischen Zeit besiedelt. Darauf weisen zum Beispiel zahlreiche Kulturdenkmäler wie mehrere Eisenerz-Röstöfen und ein Mühlenmuseum hin. Mittelpunkt des beschaulichen Städtchens jedoch ist Schloss Sayn, im Besitz des Fürsten Alexander zu Sayn-Wittgenstein-Sayn. 1945 erheblich beschädigt, wurde es ab 1968 restauriert. Heute präsentiert sich die Anlage wieder im alten Glanz. Im Schlosspark begeistert der „Garten der Schmetterlinge" mit tropischen Pflanzen, seltenen Faltern und exotischen Kleintieren.

Furstlig idyll - BENDORF - SLOTT SAYN

Bendorf vid Rhen var förmodligen bebott redan under romartiden. Talrika kulturmonument, samt ett flertal rostugnar för järnmalm och ett kvarnmuseum pekar i denna riktning. Den idylliska stadens medelpunkt är slottet Sayn, som ägs av furste Alexander zu Sayn-Wittgenstein-Sayn. 1945 fick slottet omfattande skador och restaurerades med början 1968. Idag har anläggningen återfått sin forna glans. I slottsparken begeistras man av "fjärilarnas trädgård" med sina tropiska växter, sällsynta fjärilar och exotiska smådjur.

Tolerante Stadt am Rhein - NEUWIED

Tolerant, das ist bis heute die Fürstenstadt Neuwied am Rhein geblieben mit ihrer mehr als 1 000-jährigen Tradition.Bemerkenswerte Privilegien wie Religions- und Steuerfreiheit genossen die Bürger damals. Noch heute zeugen die Mennonitenkirche und die einstige Herrnhuter Gemeinde von liberalem Gedankengut. Die Stadt blühte auf und ihre berühmten Handwerker wie die Gebrüder Roentgen und Peter Kinzing brachten ihre Möbel und kunstvollen Uhren bis an den Zarenhof. Das gelb-leuchtende Schloss, erbaut in der Zeit von 1707 bis 1712, wird noch immer von den Fürsten zu Wied bewohnt, ist aber nicht für die Öffentlichkeit zugänglich. Wer heute Neuwied besucht, erlebt eine moderne, aufgeschlossene Stadt mit vielen Bildungseinrichtungen.

Den toleranta staden vid Rhen - NEUWIED

Furstestaden Neuwied vid Rhen mit sin 1 000-åriga tradition är än idag den toleranta staden. Stadens medborgare hade anmärkningsvärda privilegier som religions- och skattefrihet. Än idag vittnar mennonitkyrkan och den före detta kolonin herrnhut om den liberala inställningen. Staden blomstrade och dess berömda hantverkare, som bröderna Roentgen och Peter Kinzing levererade sina möbler och konstfulla klockor ända till tsarens hov.

Slottet med den lysande gula färgen byggdes mellan 1707 och 1712 och det är fortfarande fursten zu Wied som bor här. Slottet är inte tillgängligt för allmänheten. Den som besöker Neuwied idag, upplever en modern, öppen stad med många utbildningsmöjligheter.

Schloss Neuwied
Slott Neuwied

Wehrhaft und doch offenherzig - die Bäckerjungenstadt ANDERNACH

Ihr sieht man das Alter von 2000 Jahren nicht an. Die Lebendigkeit von Andernach mischt sich mit den historischen Denkmälern, die sich hier an vielen Plätzen dem Gast eröffnen. Die Bäckerjungenstadt, wie sie gerne auch nach einer Sage genannt wird, zeigt sich noch heute wehrhaft. Weite Teile der alten Stadtmauer und auch der mächtige, 56 Meter hohe „Runde Turm“ aus dem 15. Jahrhundert prägen das Bild. Vor den über vier Meter dicken Mauern kapitulierten sogar die französischen Truppen des Sonnenkönigs Ludwig XIV., die hier am Rhein so manche Burg in Schutt und Asche legten. Selbstbewusster Bürgerstolz hatte damals den Turm erschaffen. Die kirchliche Machtdemonstration zeigt sich in Form von dem viertürmigen „Mariendom“.Der Reichtum der steinernen Zierformen beeindruckt und erhebt die katholische Pfarrkirche zu den schönsten romanischen Kirchenbauten

Väl befäst och ändå öppenhjärtig - "Bagarlärlingsstaden" ANDERNACH

Man kan inte tro att staden är hela 2000 år gammal.

Andernachs livlighet blandas med historiska monument, som besökarna stöter på lite varstans i staden. "Bagarlärlingsstaden", som den gärna kallas i sagan, är än idag befäst. Stora delar av den gamla stadsmuren och det gigantiska 56 meter höga "runda tornet" från 15:e århundradet, präglar stadens utseende. Framför de mer an fyra meter tjocka murarna kapitulerade till och med Solkungens (Ludvig XIV) franska trupper, som jämnade många borgar längs floden Rhen med marken. Självmedvetna, stolta borgare byggde borgen på den tiden. Kyrkan demonstrerade sin makt med "Mariendom" - en domkyrka med fyra torn. De många praktfulla ornamenten imponerar och gör den katolska huvudkyrkan, till en av de vackraste romanska kyrkobyggnaderna längs mellersta Rhen. Andra sevärdheter är bålverket som f.d. tullstation, ärkebiskoparnas gamla stadsborg och det historiska rådhuset med en av de få än existerande badanstalter för judiska ritualer.

I dessa historiska byggnaders skugga, kan man koppla av eller njuta av ett glas vin från Leutesdorfer vinberg, som ligger på flodens andra sida. Andernach är också en ideal utgångspunkt för den närliggande Vulkaneifel med sin vulkanpark.

Mittelalterliches Rheintor
Medeltida Rhenporten

◂ **Der runde Turm** - ***Runda tornet***

Burg Andernach

am Mittelrhein. Zu weiteren Besonderheiten gehören das Bollwerk als ehemalige Zollstätte, die alte Stadtburg der Kölner Erzbischöfe und das historische Rathaus mit einem der wenigen noch existierenden Judenbäder. Im Schatten dieser historischen Bauten lässt es sich ausruhen oder auf gemütlichen Plätzen einen Wein vom gegenüberliegenden Ufer der Leutesdorfer Weinberge genießen. Andernach ist auch idealer Ausgangspunkt für die direkt angrenzende Vulkaneifel mit ihrem Vulkanpark.

Rheinanlagen - *Rhen anläggningar*

Liebfrauenkirche („Mariendom") ▸
Liebfrauenkyrkan („Mariendom")

Zimmer mit bester Aussicht - BURG RHEINECK

Ein weiterer Baustein der Rheinromantik des 19. Jahrhunderts ist Burg Rheineck. Die wehrhafte Burg von den Pfalzgrafen zu Salm im 11. Jahrhundert errichtet, gehört zu den häufig umkämpften, zerstörten und wieder aufgebauten Rheinburgen. Im 19. Jahrhundert von Moritz August von Bethmann-Hollweg erworben, wurde sie durch Johann Claudius von Lassaux in historischer Form wieder zum Leben erweckt. Heute in Privatbesitz und nicht öffentlich zugänglich, gehört sie dennoch zum schönen Bild der Burgenromantik am Rhein und zieht von weitem schon alle Blicke auf sich. Wer würde hier nicht gerne einmal Burgfräulein oder Schlossherr spielen.

Rum med underbar utsikt - BORG RHEINECK

En byggnadssten i romantiken längs Rhen på 19:e århundradet är borgen Rheineck. Den befästa borgen, byggd av greve zu Salm på 11:e århundradet, hörde till de borgar det kämpades mest om och som förstördes och återuppbyggdes ett flertal gånger. På 19:e århundradet köptes den av Moritz August von Bethmann-Hollweg. Johann Claudius von Lassaux väckte den åter till liv i historisk form. Trots att den idag är privat egendom och inte kan besiktigas, hör den till de vackraste romantiska borgarna vid Rhen och drar blickarna till sig. Visst vore det underbart att få leka slottsdam och slottsherre här.

Entspannung und Genuss - BAD BREISIG

Immer gut für eine Ruhepause: in Bad Breisig ist Erholung angesagt, zu der zwei Thermalbäder einladen. Seit dem frühen Mittelalter erfährt der

Ort Erwähnung und war über Jahrhunderte Fischerdorf mit Wein- und Ackerbau. Ein Bummel durch den Ort führt heute durch den Kurpark mit altem Baumbestand, aber auch zu schönen Fachwerkhäusern, Museen diverser Art und natürlich zum Rhein, der die fast sechs Kilometer lange Uferpromenade begleitet.

Koppla av och njut i - BAD BREISIG

Idealt för en vilopaus: i Bad Breisig finner man den välförtjänta avkopplingen - två termalbad är den rätta omgivningen. Sedan en tidig medeltid nämns orten i historieböckerna och har under många århundraden varit en fiskeby med vinodlingar och jordbruk. Om man promenerar genom orten finner man en vacker kurpark med gamla träd, korsvirkeshus, museer av olika slag och naturligtvis floden Rhen, som flyter längs den nästan sex kilometer långa strandpromenaden.

Rheinpromenade
Rhenpromenaden

Sprudelnde Heiterkeit - BAD HÖNNINGEN

Die Stadt ist Anlaufpunkt für erholungssuchende und unternehmungslustige Gäste gleichermaßen. So liegen die im venezianischen Stil gestaltete Kristall-Rheinpark-Therme wie auch die Schmiedgasse, die Partymeile Bad Hönningens, nicht weit voneinander entfernt. Die feinperlige Kohlensäure der Therme ist ein Wirtschaftsfaktor - und deren Gewinnung prägt das Stadtbild entscheidend. Kulturliebhaber finden im und um den Ort ein breites Spektrum an Sehenswürdigkeiten - zum Beispiel das Hohe Haus, den Mönchhof, Burg Ariendorf sowie Teile des römischen Limes.

Porlande munterhet - BAD HÖNNINGEN

Staden är en samlingsplats både för människor som söker avkoppling och för dem som är mera äventyrslystna. Därför ligger Kristall-Rheinpark-Therme, ett termalbad i venetiansk stil, och Schmiedgasse, stadens nöjescentrum, också nära varandra. Termalbadet med de små bubblorna av kolsyra, är viktig för näringslivet - och präglar staden på ett avgörande sätt. Kulturälskare finner ett stort utbud på sevärdheter i denna stad - till exempel das Hohe Haus (det höga huset), Mönchhof, borgen Ariendorf samt delar av den romerska kulturhistoriska gränsen.

Das „SCHLOSS DES JAHRES" - ARENFELS

Umrahmt von Wald und Weinbergen - so präsentiert sich Schloss Arenfels in leuchtend-gelbem Anstrich. Ein Bild von einem Schloss, dessen Ursprünge zurück bis ins 13. Jahrhundert reichen. Aber auch hier gingen die Wirren der Geschichte nicht spurlos vorüber. Unter Sonnenkönig Ludwig XIV. wurde Arenfels vom berühmten französischen General Tourenne besetzt. Im 19. Jahrhundert wurde es im neugotischen Stil großzügig umgebaut und zu einem Wahrzeichen der Rheinromantik. Gerne wird Arenfels auch als das „Schloss des Jahres" bezeichnet - denn es hat genau 365 Fenster, 52 Türen und 12 Türme und Türmchen.

„Årets slott" - ARENFELS

Slottet Arenfels omgivs av skogar och vinberg. Ett underbart vackert slott i lysande gul färg. Slottets historia började någon gång på 13:e århundradet. Även här satte historiens irrvägar sina spår. Under franske solkungen Ludvig XIV, besattes slottet av den berömde franske generalen Tourenne. Under 19:e århundradet byggdes slottet om i neogotisk stil och blev därmed en symbol för romantiken längs floden Rhen. Gärna betecknas slottet Arenfels också som "Årets slott" - det har nämligen precis 365 fönster, 52 dörrar och 12 torn.

Die „Bunte Stadt" am Rhein - LINZ

Die in den 20-er Jahren freigelegten, bunten Fachwerkhäuser brachten Linz ihren Beinamen „Bunte Stadt" ein. Durch das massive Rheintor aus dem 14. Jahrhundert gelangt man auf den Burgplatz und zur Linzer Burg. Ehemals Zoll- und Zwingburg, beherbergt sie heute nach grundlegender Sanierung verschiedene Ausstellungsräume und eine typische Burggastronomie. Am Marktplatz, im Herzen der Altstadt, steht das älteste Rathaus in Rheinland-Pfalz, das mit einem Glockenspiel von 23 Glocken einen Augenblick des Innehaltens ermöglicht. Ratsbrunnen und Mariensäule haben ebenfalls hier ihren Platz. An alte Bräuche erinnert die Stadt mit Bronze- und Steinfiguren - so stehen auf dem Buttermarkt die Marktfrau „Agnes" und der „Klapperjunge" sowie der „Linzer Strünzer" vor dem

Burgplatz mit Kurfüstlicher Burg und Brunnen „Linzer Strünzer"
Borgplanet med den kurfurstliga borgen och brunnen „Linzer Strünzer"

Den „färgglada staden" vid Rhen - LINZ

De brokiga korsvirkeshusen som frilades under 20-talet, har gett Linz smeknamnet den "färgglada staden". Genom den massiva rhenporten från 14:e århundradet kommer man till borgplatsen och till borgen Linz. I den före detta tullborgen, som har en omsorgfull renovering bakom sig, finns idag olika utställningslokaler och en typisk borgrestaurang. Vid torget mitt i staden, ser man det äldsta rådhuset i Rheinland-Pfalz. Klockspelet med 23 klockor väcker stor uppmärksamhet. Rådhusbrunnen och Mariensäule

Marktplatz
Torget

Neutor.
Dem Ruf als „Bunte Stadt“ wird Linz auch im Gesellschaftsleben gerecht, denn alljährlich treffen sich hier im Sommer Drehorgelspieler aus aller Welt.

(Mariapelaren) har också funnit sin plats på torget. Staden med sina brons- och stenstatyer påminner om gamla seder och bruk - på "Buttermarkt" ("smörtorget") står torgfrun "Agnes" och "Klapperjunge" samt "Linzer Strünzer" framför Neutor (den nya porten). Även när det gäller det sociala livet gör staden rätt för sitt smeknamn den "färgglada staden". Varje sommar träffas här positivspelare från alla världens hörn.

Burgplatz
Borgplanet

Apollinariskirche
Appolinariskyrkan

Mehr als nur die berühmte Brücke - REMAGEN

Die Brücke von Remagen wurde durch den 2. Weltkrieg weltberühmt, als sie den Alliierten den Weg über den Rhein ebnete. Das Friedensmuseum in den schwarzen Brückenköpfen erinnert an die wenig glorreiche Zeit. Hinter dem Rathaus und der Kirche St. Peter und Paul finden sich noch etliche Spuren der römischen Grundfesten. Über dem 2 000 Jahre alten Ort steht St. Apollinaris. Im 19. Jahrhundert vom Dombaumeister Zwirner erbaut, ähnelt das Bauwerk dem Kölner Dom.

Mer än bara en berömd bro - REMAGEN

Bron vid Remagen blev världsberömd under andra världskriget, när den banade vägen för de allierade truppernas väg över floden Rhen. Fredsmuseet i de svarta bropelarna påminner om denna dystra tid. Bakom rådhuset och kyrkan St. Peter och Paul hittar man många rester av romarnas fundament. Ovanför den 2 000 år gamla orten befinner sig St. Apollinaris. Byggnaden som upprättades av kyrkobyggmästaren Zwirner på 19:e århundradet, påminner om domkyrkan i Köln.

Alte Brückentürme
Gamla brotorn

Pfarrkirche St. Peter und Paul
Huvudkyrkan St. Peter och Paul

Sagenhafter Ort - der ROLANDSBOGEN

Ein Platz wie geschaffen für eine romantisch-traurige Rheinsage. Ritter Roland und seine geliebte Hildegund konnten zusammen nicht kommen, weil es das Schicksal nicht gut mit ihnen meinte. Umso glücklicher kann sich heute der Besucher schätzen, wenn er von dem Aussichtspunkt über dem Rheintal das grandiose Panorama vor sich liegen sieht. Die Insel Nonnenwerth scheint zum Greifen nah. Der Efeu umrankte Bogen ist der Rest der einstigen Rolandsburg und ein Wahrzeichen der Rheinromantik.

En sagoomspunnen ort - ROLANDSBOGEN

En plats som skapt för en romantisk och tragisk Rhensaga. Riddare Roland och hans älskade Hildegund kunde inte förenas, för att ödet inte ville dem väl. Desto lyckligare är dagens besökare när de njuter av den otroligt vackra utsikten över Rhendalen. Ön Nonnenwerth verkar ligga så nära att man nästan kan röra vid den. Valvbågen som är täckt av murgröna är resten av Rolandsborgen och en symbol för romantiken vid Rhen.

Grüne Einkehr - INSEL NONNENWERTH - SIEBENGEBIRGE

Schöne Tage hat Franz Liszt auf Nonnenwerth, einer Insel der Abgeschiedenheit, verbringen können. Die alte Liszt-Platane erinnert an den berühmten Komponisten und steht unweit des barocken Klostergebäudes, dessen Ursprung bis ins 12. Jahrhundert reicht. Heute unterrichten Franziskanerinnen in einem dem Kloster angegliederten Privatgymnasium. Mit Sicherheit ein guter Platz, um ungestört zu lernen, zumal ohne Voranmeldung kein Besucher auf die Insel kommt!

Das Siebengebirge zeugt seit 1923 als erstes Naturschutzgebiet in Deutschland von dem frühen Bewusstsein für einzigartige Naturlandschaften. Seine Höhenzüge wurden anfangs von den Römern zum Bau des Limes und später unter anderem zum Bau des Kölner Doms abgebaut. Diesem Treiben machte die preußische Regierung 1836 ein Ende indem sie die Kuppe des Drachenfels kaufte. Heute ist das Siebengebirge eine wahre Einladung für Wanderer. Zwischen Wäldern und romantischen Weinörtchen laden herrliche Spazierwege ein, auf denen alte Kloster- und Burgruinen von Liebe, Kampf und Leidenschaft erzählen.

Det gröna värdshuset - ön NONNENWERTH - SIEBENGEBIRGE

Franz Liszt tillbringade underbara dagar på Nonnenwerth, en lugn avskild ö. Den gamla Liszt- platanen påminner om den berömde komponisten och står i närheten av den gamla klosterbyggnaden i barockstil. Dess urpsrung går ända tillbaka till 12:e århundradet. Idag står nunnor från franciskanerorden för undervisningen på ett gymnasium som hör till klostret. Säkerligen en bra plats att ostört kunna studera på, speciellt då inga besökare släpps ut på ön utan anmälning!

Berget Siebengebirge var Tyskland första naturskyddsområde när det invigdes 1923. Bergskedjan användes först av romarna för brytning av material för byggandet av sin limes (gräns) och senare var det bland annat byggandet av domkyrkan i Köln som krävde material. Regeringen i Preussen satte 1836 stopp för detta genom att köpa drakklippans bergstopp. Idag är Siebengebirge en sann uppenbarelse för vandrare. Mellan skogar och romantiska vinorter ligger härliga vandringsstigar längs vilka gamla kloster- och borgruiner kann berätta om kärlek, kamp och lidelse.

Nibelungensage und lebende Drachen KÖNIGSWINTER - DRACHENFELS

Die langjährige Tradition als Fremdenverkehrsort hat sich Königswinter bis heute bewahrt. Durch die Gassen des historischen Rheinstädtchens, flankiert von schön verziertem Fachwerk, der Pfarrkirche St. Remigius aus dem 18.Jahrhundert, bunten Andenkenläden und alten Hotel-Restaurants führt der Weg oft zum Fuße des Drachenfels, dem Wahrzeichen der Stadt. Dahin führt auch Deutschlands älteste Zahnradbahn von 1883. Aber ein „echtes Zugpferd",

Nibelungensagan och levande drakar KÖNIGSWINTER - DRACHENFELS

Königswinter har ända till idag lyckats bevara sind långa tradition som turistort.

Genom den historiska lilla stadens gränder, omgivna av utsmyckat korsvirke, huvudkyrkan St. Remigus från 18:e århundradet, färgglada souveniraffärer och gamla hotell och restauranger leder vägen ofta till Drachenfels (drakklippan), stadens symbol. Dit kan man också åka med Tysklands äldsta kugghjulsbana från 1883. Mest populär är emellertid fortfarande den romantiska och naturnära "transporten" med åsna. Nibelungenhallen, som man passerar ungefär halvvägs, för besökarna till bilder från Nibelungensagan och slutligen genom en mörk gång till en drake av sten. I reptildjurparken väcks draken till liv. Alldeles i närheten ligger det sagolika slottet Drachenburg. Förutom talrika speciella utställningar, imponerar särskilt de monumentala vägg- och takmålningarna samt konstfulla glasmålningarna.

Insel Nonnenwerth - *Ön Nonnenwerth*

Drachenfels

Schloss Drachenburg
Slott Drachenfels

romantisch und naturnah, ist immer noch der Aufstieg auf einem Esel. Die Nibelungenhalle, auf halbem Wege gelegen, führt den Besucher neben Gemälden aus der Nibelungensage, durch einen dunklen Gang zu einem Drachen aus Stein. Lebendig wird der Drache im anschließenden Reptilienzoo. Unweit entfernt liegt das märchenhaft anmutende Schloss Drachenburg. Neben zahlreichen Sonderausstellungen sind besonders die monumentalen Wand- und Deckengemälde sowie kunstvolle Glasmalereien zu bewundern.

Anders als hier finden wir auf der Spitze des Drachenfelsen nur noch die Ruine der um 1140 erbauten Trutzburg. Weit schweift der Blick von der Terrasse des Panorama-Cafés über das Rheintal und hin zum benachbarten Petersberg, dem Gästehaus der Bundesregierung.

På drakklippans topp hittar man den kring 1140 byggda fästningens ruin. Här uppe på panorama-kaféets terrass, har man en fascinerande utsikt ut över Rhendalen och ända fram till grannorten Petersberg, regeringens gästgivargård.

Ruine Drachenfels ▸

Gute Adresse vor den Toren Bonns - BAD GODESBERG

So ganz kann sich die Stadt mit der Eingemeindung nach Bonn nicht abfinden. Hat sie doch alle Attribute einer geschichtsträchtigen und durchaus eleganten Bäderstadt. In Bad Godesberg lässt es sich gut leben, zumal die schönen Villen der Gründerzeit die gute, grüne Adresse vor den Toren Bonns unterstreichen.

Ein Kurfürst, dem seine Gesundheit besonders am Herzen lag, ließ den Draitschbrunnen neu fassen sowie ausgedehnte Parkanlagen

En förnäm adress framför Bonns portar - BAD GODESBERG

Riktigt nöjda är stadens invånare inte med att de blivit inkorporerade av Bonn. Staden har ju själv alla attribut, som en historisk och elegant badort. I Bad Godesberg lever man gott och de vackra villorna vittnar om den glans som omgav staden redan under "gründertiden 1871-73".

En kurfurste som var speciellt mån om sin hälsa, ramade in Draitschbrunnen på nytt och lät bygga vidsträckta parkanläggningar med värdshus och badanstalter.

mit Gäste- und Badehäusern errichten. Noch heute repräsentiert die Godesberger Redoute von 1790, ein Teil dieses Kurviertels, den verfeinerten Lebens- und Bäderstil jener Epoche. Wie früher finden hier heute noch hochrangige Feste statt, bei denen Staatsgäste und Diplomaten der ehemaligen Bundeshauptstadt in elegantem Rahmen empfangen werden. Der zum Nordrhein-Westfälischen Kulturerbe gehörende Burgfriedhof der Michaelskapelle, unterhalb der Godesburg, beeindruckt durch seine aufwändig gestalteten Grabstätten. Lange Zeit war die Godesburg der Lieblingssitz der Kölner Erzbischöfe, bis der Religionszwist während der Reformationszeit die Burg der Zerstörung preisgab. Vom Burgfried lässt sich aber während des Sommers noch immer nachempfinden, wieso der Platz so hoch in der Gunst der Kurfürsten stand.

Än idag är Godesbergs redutt från 1790 en del av detta förnäma kvarter, som präglades av denna epoks fina livs- och badstil. Precis som förr arrangeras här högklassiga fester och mottagningar för statsgäster och diplomater från den före detta tyska huvudstaden. Michaelskapellets kyrkogård, som hör till Nordrheinwestfa-lens kulturarv, imponerar med sina påkostade gravplatser. I många år var Godesborgen residens för Kölns ärkebiskopar. Religionstvisterna under reformationen slutade med att borgen förstördes. Från fästningstornet kan man på sommaren se varför denna plats var så väldigt populär hos kurfursten.

Kurhaus „Redoute" - ***Kurhus „Redoute"***

Marktplatz - *Torget*

◂ **Beethovendenkmal**
Beethovenmonumentet

Bundespolitik und Beethoven - BONN

Bonn ist eine Stadt im Wandel. Fast klein sieht der „lange Eugen", das ehemalige Abgeordnetenhochhaus, gegenüber dem neuen gläsernen Turm der Deutschen Telekom aus. Auch bestimmen nicht mehr dunkle Diplomatenlimousinen oder polizeiliche Bannmeilen die Bonner Innenstadt. Die schöne alte Stadt am Rhein hat es gelernt, mit einer wechselvollen Geschichte zu leben - einmal mehr, einmal weniger im Mittelpunkt zu stehen. Ihrer Attraktivität haben diese Zeiten nicht geschadet und allen Unkenrufen zum Trotz scheint die Stadt nach dem Umzug der Bundesregierung nach Berlin sogar noch anziehender zu werden und richtig aufzublühen. Gegenüber dem bundespolitischen Reglement, das die Stadt seit 1949 prägte,

Politik och Beethoven - BONN

Bonn är en stad som förändras. Den "långe Eugen" (den f.d. riksdagsbyggnaden) ser nästan liten ut jämfört med tyska Telekoms gigantiska torn av glas och beton. Det är inte längre de mörka diplomatlimousinerna eller de av polisen avspärrade områdena, som har kommandot över Bonns centrum. Den vackra gamla staden vid floden Rhen har lärt sig att umgås med den växlande historien, att en gång stå i rampljuset för att sedan hamna lite i skymundan. Stadens attraktivitet har däremot inte tagit någon skada under tidens lopp. Trots att alla var tveksamma, beträffande Bonns framtid, när tyska regeringen flyttade till Berlin, verkar det som om staden blommar upp riktigt. I stället för politiken och regeringen som präglat

Theater - ***Teater***

gewinnen nun wieder Wissenschaft und Kunst an Gewicht. Ludwig van Beethoven hätte daran sicherlich seine Freude gehabt. Er ist der große Sohn Bonns und an vielen Stellen präsent. Das Beethovenhaus in der Altstadt, wo der Spross einer Musikerfamilie 1770 das Licht der Welt erblickte, ist heute vielbesuchtes Museum. Das internationale Beethovenfest setzt jedes Jahr Akzente im Kulturleben der Stadt und das Orchester der Beethovenhalle fühlt sich dem Werk des großen Komponisten in besonderer Weise verpflichtet.

Ludwig van Beethoven wächst auf in einer Stadt, die noch den Glanz des Kurfürsten Clemens August ausstrahlt. Er war es, der Bonn als Residenzstadt mit Schlössern, Gärten und Alleen gestaltete. Das stattliche Kurfürstliche Schloss, das intimere Poppelsdorfer Schloss und auch das Alte Rathaus, das heute als Wahrzeichen der Stadt am Marktplatz in schönstem Barock leuchtet, sind Ausdruck eines prachtliebenden Monarchen. Später wird König Friedrich Wilhelm III. die Aufklärung in Bonn voran bringen, die berühmte Universität gründen und auch als Förderer der Musik deut-

staden sedan 1949, har nu åter vetenskapen och konsten fått tillbaka sin gamla dominerande ställning. Ludvig van Beethoven hade säkert varit nöjd med denna utveckling. Han är Bonns store son och dyker upp på många ställen. Beethovenhuset i gamla staden, där han 1770 föddes i en familj av musiker, är idag ett väldigt populärt museum. Den internationella Beethovenfesten är varje år en höjdpunkt i stadens kulturliv och för orkestern i Beethovenhallen är spelandet av den stora komponistens enastående verk något alldeles speciellt.

Ludvig van Beethoven växte upp i en stad som strålade i den glans, som omgav kurfurste Clemens August.

Det var han som formade Bonn till en residensstad med

Beethovenhaus
Beethovenhuset

Münsterplatz mit Beethovendenkmal
Münsterplatz med Beethovenmonumentet

Bonner Münster - ***Bonns domkyrka*** ▾

liche Spuren hinterlassen. Als Theaterstadt reicht Bonns Tradition bis 1826 zurück.

Wer weiß, dass die Rheinländer ein eigenes Völkchen sind, dem ist es auch verständlich, dass Bonn trotz Zeiten großer internationaler Politik immer auch die gemütliche, unverfälschte Rheinstadt geblieben ist. Keine Mega-City mit Hauptstadtanspruch, sondern eine lebens- und liebenswerte Stadt mit hohem Freizeit- und Erholungswert, der besonders in den Rheinauen zu genießen ist. Bonn hat sich neu ausgerichtet und das Augenmerk auf seine historischen Stärken

Münsterplatz

slott, trädgårdar och alléer. Det ståtliga kurfurstliga slottet, det lite mer intima Poppelsdorfer slottet och även det gamla rådhuset i barockstil, som idag står som stadens symbol på torget, visar vilket högt värde regenten lade på praktfullhet. Senare kom kung Friedrich Wilhelm III och med honom upplysningen till Bonn. Han grundade det berömda universitetet och satte även sina spår som gynnare av musiken. Dessutom är Bonn sedan 1826 en traditionell teaterstad.

Den som vet att människorna i Rhenlandet är ett folk för sig, förstår varför Bonn, trots den stora internationella poli-

Sterntor

Bonn, Universität
Bonn - universitet

als Ort der Wissenschaft, des freien Denkens und der Kultur gelegt. Die Museumsmeile besitzt Weltniveau und besticht nicht nur durch außergewöhnliche Architektur, sondern auch mit zahlreichen erstklassigen Ausstellungen von internationalem Rang. Erwähnenswert sind hier unter anderem das Museum König, das Akademische Kunstmuseum, das Rheinische Landesmuseum sowie das August-Macke-Haus.

Bonn, erste UN-Stadt in Deutschland, nutzt die einstigen Parlaments- und Versammlungsorte als Plattform für große Kongresse und Tagungen. Modern und weltoffen - dennoch ein Ort mit über 2000-jähriger Geschichte. So gehört auch ein Besuch des alten Münsters und der Abstieg in die Krypta zu den Wurzeln der Stadtgeschichte zum wahren Kennenlernen hinzu - Bonn hat eben noch weit mehr zu bieten als Bundespolitik und Beethoven.

tikens inflytande, under alla år ändå förblivit den trivsamma orten vid floden Rhen. Ingen "Megacity" med anspråket att vara huvudstad, utan en sevärd och trevlig stad med många möjligheter till fritidsgestaltning och avkoppling. Bonn har utvecklats i en ny riktning och koncentrerar sig på sina historiska styrkor vetenskapen, fritt tänkande och kultur. Museumsområdet hör till den absoluta världstoppen och utmärker sig inte bara genom sin ovanliga arkitektur, utan också genom talrika förstklassiga utställningar av internationell klass. Särskilt sevärt är museet König, akademiska museet, Rheinisches Landesmuseum samt August-Macke-huset.

Bonn, Tyskland första FN-stad, utnyttjar sina f.d. parlaments- och församlingsorter som plattform för stora kongresser och konferenser. Modern och världsöppen - och ändå en ort med en lång historia som sträcker sig över mer än 2000 år. För att verkligen lära känna Bonn, måste man besöka den gamla domkyrkan och gå ner i kryptan - Bonn har mycket mer att erbjuda än bara politik och Beethoven.

Dom ▸
Domkyrka

Das heitere „Rom des Nordens“ KÖLN

Köln und der Rhein. Das ist eine Einheit und zusammen mit dem gewaltigen Dom hat man auf einen Blick die wichtigsten, die Stadt prägenden Elemente zusammen. Aus allen vier Himmelsrichtungen erkennt man als erstes das mächtige Kirchenbauwerk. Erst 1880 konnte der Dom unter finanzieller Mithilfe der Bürger und der preußischen Staatskasse fertig gestellt werden und war mit seinen beiden über 150 Meter

Norra Tysklands muntra „Rom“ - KÖLN

Köln och floden Rhen. Det är en enhet och tillsammans med domkyrkan har man redan samlat stadens präglande element. Oavsett vilket väderstreck man kommer ifrån, det är alltid domkyrkan man ser först. Domkyrkan färdigställdes så sent som 1880 tack vare privata bidrag och den preussiska statskassan. Med sina två 150 meter höga torn var domkyrkan då världens högsta byggnad. Hela 20 000 människor får plats i kyrkans inre. Här bevaras de heliga tre kungarnas jordiska kvarlevor i ett gyllene helgonskrin. De hör till

Köln, Rheinpanorama
Köln - floden Rhen

Dom und Hohenzollernbrücke
Domkyrkan och Hohenzollernbron

Dom und Groß St. Martin - ***Domkyrkan och Gross St. Martin***

hohen Türmen das höchste Gebäude der Erde. Gut 20 000 Menschen fasst das Innere, in dem die Gebeine der Heiligen Drei Könige im goldenen Schrein ruhen. Sie stellen eine der bedeutendsten Reliquien und Wallfahrtsstätten der Christenheit dar. Die Einzigartigkeit des Doms und ein überzeugender Erhaltungsplan machten ihn zum Weltkulturerbe - mehr noch: Er steht auf der „Roten Liste" der besonders gefährdeten Objekte. Zu Ehren Kaiser Wilhelm I. erbaut, führt die eiserne Hohenzollernbrücke mit ihren vier bronzenen Reiterstandbildern berühmter Hohenzollernherrscher direkt auf die Chorseite des Kölner Domes zu.

kristendomens mest betydelsefulla reliker. Den enastående välbevarade domkyrkan hör till världens kulturarv - och inte nog med det: den finns med på "röda listan", som innehåller objekt som är särskilt hotade.

Hohenzollerbron, en stålkonstruktion som byggdes för att ära kejsare Wilhelm I., med sina fyra bronsstatyer av berömda härskare av Hohenzoller-släktet leder direkt till domkyrkan.

Dom, Langhaus
Domkyrkan - långskepp

Dom, Dreikönigenschrein
Domkyrkan-de tre konungarnas helgonskrin

Dom, Portal
Domkyrkan - portal

▲ **Dom, Detail am Petrusportal**
Domkyrkan - detaljer vid Petrusportalen

Dom, Südseite
Domkyrkan - södra sidan

Altermarkt mit Rathausturm
Gamla torget med rådhustornet

Nicht weit entfernt beginnt die urige Altstadt, mit ihren gemütlichen Plätzen wie dem „Alter Markt" oder dem „Heumarkt", in der ein enges Gewirr an Gassen und schmale bunte Altstadthäuser mit spitzen Giebeln ein gemütliches Ambiente schaffen. Nach einem Besuch in einem der vielen gemütlichen Kölsch-Brauhäuser, lohnt sich ein ausgiebiger Einkaufsbummel über Hohe Straße und Schildergasse.

Vieles in der Stadt wurde behutsam und vorbildlich restauriert, wie zum Beispiel auch der gotische Rathausturm

Altstadt mit Dom und Groß St. Martin
Gamla staden med domkyrkan och Gross St. Martin

Alldeles intill börjar den gamla staden med sina gemytliga torg, som till exempel "Alter Markt" eller "Heumarkt". Det är ett trångt virrvarr av gränder och smala hus med spetsiga gavlar, som skapar en hemtrevlig atmosfär. Efter ett besök i ett av de många trevliga bryggerierna, kan man rekommendera en shoppingrunda längs Hohe Straße och Schildergasse.

Mycket i staden har restaurerats omsorgsfullt och förebildligt. Till exempel rådhusets gotiska torn eller Groß St.

Altermarkt mit Jan-von-Werth-Denkmal
Gamla torget med Jan-von-Werth-monumentet

Museum Ludwig - ***Museet Ludwig*** ▸

oder Groß St. Martin, dessen wuchtiger Kirchturm die Stadtkulisse bereichert. Diese und einiges mehr deutet noch heute auf die enorme Bedeutung Kölns hin. Vom „Rom des Nordens", wie man Köln gerne aufgrund seiner Vielzahl an Klöstern, Kirchen und Stiften bezeichnete, sind noch 12 große sowie 13 kleinere romanische Kirchenbauten erhalten. Nicht selten stieß man bei Ausgrabungen auf Zeugen frühester Siedlungsgeschichte, die im Römisch-Germanischen-Museum und im Zeughaus eine neue Heimat fanden.

Als Kunst- und Museumsstadt ist Köln eine wahre

Martin, vars mäktiga torn berikar stadens siluett. Detta och mycket mer vittnar om Kölns stora betydelse. På grund av de många klostren, kyrkorna och stiften, kallade man Köln gärna för "Nordens Rom". 12 stora och 13 små romanska kyrkobyggnader har kunnat bevaras. I samband med utgrävingar har man ofta stött på rester från forntida bosättningar. Dessa har funnit ett nytt hem i det romerska-germanska-museet och i "Zeughaus" ("tyghuset").

Dom und Hohenzollernbrücke ▸
Domkyrkan och Hohenzollernbron

Dom und Hauptbahnhof
Domkyrkan och centralstationen

Severinstorburg
Severinstorburg

Hahnentor
Hahnentorburg

Eigelsteintorburg
Eigelsteintorburg

Schatztruhe - Wallraf-Richartz-Museum, Museum Ludwig oder das Käthe Kollwitz Museum - jeder Kunstrichtung wird hier Genüge getan. Für ausgiebigen Musikgenuss steht die Philharmonie mit ihrer fantastischen Akustik zur Verfügung, für größere Popkonzerte und andere Events ist die Kölnarena für 18 000 Gäste offen. Für Sportfans bietet sich ein vielseitiges Rahmenprogramm, das vom erstklassigen American Football über Basketball und Eishockey bis zum Fußball reicht. Aber nicht nur Kultur und Sport zeichnen diese Stadt aus, sondern auch leicht beschwingte Fröhlichkeit und Sinn für Witz und Humor gehören zu ihrer Wesensart, die ihren Höhepunkt jedes Jahr im Karneval findet. Nicht nur für „Jecken" sondern auch für Menschen, die hier der rheinischen Seele, der kölschen Lebensart und seiner Sympathie begegnen wollen ist Köln die Millionenstadt „met Hätz".

Som konst- och museumsstad är Köln en sann skattkista - Wallraf-Richartz-museet, museum Ludwig eller Käthe Kollwitz museet - alla konstriktningar tillgodoses. Musik på högsta nivå kan man uppleva i filharmonin med sin fantastiska akustik. Större popkonserter och andra storevenemang hålls i Kölnarenan, som rymmer 18 000 åskådare. Sportfantaster kan välja och vraka - förstklassig american football, basketboll, ishockey, fotboll mm.

Men det är inte bara kultur och sport som kännetecknar denna stad, utan också livlig munterhet och sinne för humor. Höjdpunkten är den årliga karnevalen. Den är inte bara till för "Jecken" ("tokar"), utan för alla som vill uppleva den rhenländska själen med sin sympatiska levnadsstil. Detta och mycket mer gör Köln till miljonstaden "met Hätz" ("med hjärta").

Köln Arena

St. Apostelnkirche
St. Aposteln kyrkan